四特 教育系列丛书 SITEJIAOYUXILIECONGSHU

U0611591

把图书馆打造成 传播知识的圣地

萧枫 姜忠喆◎主编

特约主编： 庄文中 龚 玲

主　　编： 萧 枫 姜忠喆

编　　委： 孟迎红 郑晶华 李 菁 王晶晶 金 燕

　　　　　 刘立伟 李大宇 赵志艳 王 冲

　　　　　 王锦华 王淑萍 朱丽娟 刘 爽

　　　　　 陈元慧 王 平 张丽红 张 锐

　　　　　 侯秋燕 齐淑华 韩俊范 冯健男

　　　　　 张顺利 吴 姗 穆洪泽

　　　　　 左玉河 李书源 李长胜 温 超

　　　　　 范淑清 任 伟 张寄忠 高亚南

　　　　　 王钱理 李 彤

"四特"
教育系列丛书

吉林出版集团有限责任公司

图书在版编目（CIP）数据

把图书馆打造成传播知识的圣地／《"四特"教育系列丛书》编委会编著 .－－长春：吉林出版集团有限责任公司，2012.4

（"四特"教育系列丛书／庄文中等主编 . 学校文化建设与文娱活动策划组织）

ISBN 978-7-5463-8598-3

I. ①把 … II. ①四 … III. ①图书馆－青年读物②图书馆－少年读物 IV. ①G258-49

中国版本图书馆 CIP 数据核字（2012）第 042000 号

把图书馆打造成传播知识的圣地

出 版 人	孙建军
责任编辑	孟迎红
责任校对	赵 霞
开 本	690mm×960mm 1/16
字 数	250 千字
印 张	13
版 次	2012 年 4 月第 1 版
印 次	2018 年 2 月第 1 版第 2 次印刷
出 版	吉林出版集团有限责任公司
发 行	吉林音像出版社
	吉林北方卡通漫画有限责任公司
地 址	长春市泰来街 1825 号
	邮 编：130062
电 话	总编办：0431-86012906
	发行科：0431-86012770
印 刷	北京龙跃印务有限公司

ISBN 978-7-5463-8598-3   定价：39.80 元

前　言

　　学校教育是个人一生中所受教育最重要组成部分,个人在学校里接受计划性的指导,系统地学习文化知识、社会规范、道德准则和价值观念。学校教育从某种意义上讲,决定着个人社会化的水平和性质,是个体社会化的重要基地。知识经济时代要求社会尊师重教,学校教育越来越受重视,在社会中起到举足轻重的作用。

　　"四特教育系列丛书"以"特定对象、特别对待、特殊方法、特例分析"为宗旨,立足学校教育与管理,理论结合实践,集多位教育界专家、学者以及一线校长、老师们的教育成果与经验于一体,围绕困扰学校、领导、教师、学生的教育难题,集思广益,多方借鉴,力求全面彻底解决。

　　本辑为"四特教育系列丛书"之《学校文化建设与文娱活动策划组织》。

　　校园文化是学校本身形成和发展的物质文化和精神文化的总和。由于学校是教育人、培养人的社区,因而校园文化一般取其精神文化之含义。即学校共同成员在学校发展过程中,逐步形成的包括学校最高目标、价值观、校风、传统习惯、行为规范和规章制度在内的精神总和。

　　良好的校园文化环境是学生积极参与和悉心建设的结晶,也是实现素质教育、造就优秀人才的一个不可或缺的重要条件。因此,加强学校文化阵地的建设与组织活动策划是一项非常系统性的工程。学校文化阵地建设是学校文化的重要窗口,学校文化组织的策划则是学校实施素质教育和精神文明建设的重要组成部分,这两样都是学生成长成才的内在需要,更是推进学校教育工作的重要载体。

　　文化娱乐活动是文化体育娱乐活动的简称,其娱乐性、趣味性、知识性和多元化结合的特点是广大读者学习之外追求的一种健康生活情趣。

　　学校的文化娱乐活动项目包括音乐、美术、舞蹈、文学、语言、曲艺、戏剧、表演、游艺等多方面内容,广大青少年同学在课余时间通过参加多种形式的文化娱乐活动,能够达到开阔视野、陶冶情操、增长才智、提高能力、沟通人际、适应社会以及改善知识结构,掌握实用技能等效果。在这些文化娱乐活动中,他们通过接受不同形式、不同内容的有益教育,能够受到潜移默化的作用,从而达到提高思想、文化和身体的综合素质,这对造就和培养有理想、有道德、有纪律、有文化、适应时代腾飞的新一代人才有着十分重要的作用。

　　为了适应青少年发展的需要,营造良好的校园文化环境,为校园文化娱乐活动的组织策划提供良好的指导,我们特地编辑了这套书从学校的实际情况出发,以育人为根本目标,坚持先进文化的方向,从音乐、绘画、表演、游艺等方面重点对学生的基础知识和操作能力进行训练,努力使他们在娱乐中学到知识,在欢笑中陶冶情趣,并通过系统的训练和比赛,使他们的智力得到开发、知识结构得到改善,最终达到新课标要求的培养高素质的合格人材的目标。

　　本辑共20分册,具体内容如下:

　　1.《学校文化建设与管理创新》

　　校园文化重在建设,它包括物质文化建设、精神文化建设和制度文化建设,这三个方面建设的全面、协调的发展,将为学校树立起完整的文化形象。加强学校文化阵地的建设与组织活动策划是一项非常系统性的工程。本书对学校文化建设的组织管理与创新策划进行了系统而深入的阐述，体例科学，内容全面，具有很强的系统性、实用性、实践性和指导性。

2.《把图书馆打造成传播知识的圣地》

加强学校图书馆建设，对激发学生学习的积极性以及提高学生的整体素质有着重要的作用与意义。本书对学校图书馆的建设与管理进行了系统而深入的阐述，体例科学，内容全面，具有很强的系统性、实用性、实践性和指导性。

3.《环境与安全文化建设》

校园安全文化是校园文化的重要组成部分，学校安全文化建设水平的高低已成为学校核心竞争力的基本内容之一。所谓校园安全文化是指将学校安全理念和安全价值观表现在决策和管理者的态度及行为中，落实在学校的管理制度中，将安全管理融入学校整个管理的实践中，将安全法规、制度落实在决策者、管理者和师生的行为方式中，将安全标准落实在教育教学过程中，由此构成一个良好的安全建设氛围，通过安全文化建设，影响学校各级管理人员和师生的安全自觉性，以文化的力量保障学校财产安全和师生人身安全。学校安全文化有四个层次。即：安全观念文化、安全行为文化、安全制度文化和安全物质文化。它们相互作用，相互促进。

4.《把学校建设成传播文化的阵地》

作为中国特色社会主义文化阵地重要组成部分的学校，在中华文化面临挑战和发展的机遇之际，应该承担时代赋予的使命，通过教育创新，传承文明，创造先进文化，培养和谐发展的高素质创新人才来促进社会的发展，实现中华民族的伟大复兴。本书对学校文化阵地的建设与管理进行了系统而深入的阐述，体例科学，内容全面，具有很强的系统性、实用性、实践性和指导性。

5.《知识类活动组织策划》

文化知识类活动课是一门全新的课程，就其根本意义来说是为了提高学生的素质，而要做到这一点，必须对文化知识类活动课加强有效的科学的管理。尽管各科活动课教学目标是有弹性、较为宽泛的，但总的教育目标应十分明确，那就是有利于学生主体精神的体现；有利于对学生的分析问题和解决问题的能力培养；有利于活动成功学生的自我认识；有利于学生个性的发展，管理工作不能偏离这一目标。本书对学校知识类活动的组织策划进行了系统而深入的阐述，体例科学，内容全面，具有很强的系统性、实用性、实践性和指导性。

6.《科普活动组织策划》

科技教育是拓展学生知识面的重要平台，是培养学生自主创新的首要手段，在学生成长过程中已显现出越来越大的不可替代的作用，而学校重视科技教育，则可以让学校的重视学生全面发展的教师和学生在校园里都能有自己的发展空间。如果能够切实的从以上各个环节落实科学实践活动的开展，就可以在全校掀起一股学科学、做科学、用科学的热潮，使学生科学素养得到普遍提高，在落实了普及科学的目标的同时也提升了学校科学教育的质量。本书对学校科普活动的组织策划进行了系统而深入的阐述，体例科学，内容全面，具有很强的系统性、实用性、实践性和指导性。

7.《收藏活动组织策划》

中国文化艺术几千年源远流长的历史，也凝聚着文艺收藏的风云沧桑。社会文明的整体进步，在促进文艺创作繁荣的同时，也推动文艺收藏的蓬勃发展。收藏可以陶冶情操、修身养性，它要求收藏者具备理性的经济头脑的同时，还要有很好的艺术的修养。收藏者在收藏的过程中，潜移默化地将自己培养成理性和感性结合得相当和谐的现代人。本书对学校收藏活动的组织策划进行了系统而深入的阐述,体例科学,内容全面,具有很强的系统性、实用性、实践性和指导性。

8.《联欢庆祝活动组织策划》

联欢活动是指单位内部或单位之间组织的联谊性质的文娱活动。通常是为了共同庆贺某一重大事件,或者在某一节日、某一重大活动完毕之后举行。联欢活动一般以聚会的形式进行,所以又称联欢晚会。本书对学校联欢活动的组织策划进行了系统而深入的阐述,体例科学,内容全面,具有很强的系统性、实用性、实践性和指导性。

9.《行为文化活动组织策划》

行为文化是指人们在生活、工作之中所贡献的、有价值的、促进文明、文化以及人类社会发展的经验及创造性活动。本书对学校行为文化活动的组织策划进行了系统而深入的阐述,体例科学,内容全面,具有很强的系统性、实用性、实践性和指导性。

10.《文娱演出活动组织策划》

演出是指演出单位或个人在特定的时间特定的环境下所举办的文艺表演活动。由于演出经过长期的发展与各地的差异,目前主要包括电影展演、音乐剧、实景演出、演唱会、音乐会、话剧、歌舞剧、戏曲、综艺、魔术、马戏、舞蹈、民间戏剧、民俗文化等种类。本书对学校娱乐体育活动的组织策划进行了系统而深入的阐述,体例科学,内容全面,具有很强的系统性、实用性、实践性和指导性。

11.《音乐项目活动组织策划》

音乐是一种抒发感情、寄托感情的艺术,它以生动活泼的感性形式,表现高尚的审美理想,审美观念和审美情趣。音乐在给人以美的享受的同时,能提高人的审美能力,净化人们的灵魂,陶冶情操,提高审美情趣,树立崇高的理想。本书对学校音乐项目活动的组织策划进行了系统而深入的阐述,体例科学,内容全面,具有很强的系统性、实用性、实践性和指导性。

12.《美术项目活动组织策划》

美术作为美育的主要手段的途径,它的主要任务不仅仅是传授美术知识,也不仅仅是美术技能的训练,而是通过学生内心达到审美状态,良好心理得到培养和发展,不良心理受到疗治和矫正,使各种心理功能趋于和谐,各种潜能协调发展,最后达到提高人的生存价值,体验与实现美好人生的目的。本书对学校美术项目活动的组织策划进行了系统而深入的阐述,体例科学,内容全面,具有很强的系统性、实用性、实践性和指导性。

13.《舞蹈项目活动组织策划》

舞蹈能够促进少年儿童的生长发育,改善少年儿童的形体,带来艺术气质和形体美,有利于提高少年儿童的生理机能,提高少年儿童的身体素质,促进少年儿童的心理健康发展,还能够培养少年儿童的人格魅力。本书对学校舞蹈项目活动的组织策划进行了系统而深入的阐述,体例科学,内容全面,具有很强的系统性、实用性、实践性和指导性。

14.《器乐项目活动组织策划》

贝多芬曾说:"音乐能使人类的精神爆发出火花。音乐比一切智慧、哲学有更高的启示。"作为素质教育的民乐教学,更突出将学生的全面发展放在首要的地位,使之形成具有显著办校特色的办学指导思想,为学校的全面发展做出了贡献,取得了满意的效果。本书对学校器乐项目活动的组织策划进行了系统而深入的阐述,体例科学,内容全面,具有很强的系统性、实用性、实践性和指导性。

15.《语言项目活动组织策划》

加强学校文化阵地的建设与组织活动策划是一项非常系统性的工程。学校文化阵地建设是学校文化的重要窗口,学校文化组织的策划则是学校实施素质教育和精神文明建设的重要组成部分。本书对学校语言项目活动的组织策划进行了系统而深入的阐述,体例科学,内容全面,具有很强的系统性、实用性、实践性和指导性。

16.《曲艺项目活动组织策划》

曲艺是中华民族各种"说唱艺术"的统称,它是由民间口头文学和歌唱艺术经过长期发展演变形成的一种独特的艺术形式。曲艺演员必须具备坚实的说功、唱功、做功和高超的摹仿力,演员只有具备了这些技巧,才能将人物形象刻划得维妙维肖,使事件的叙述引人入胜,从而博得听众的欣赏。本书对学校曲艺项目活动的组织策划进行了系统而深入的阐述,体例科学,内容全面,具有很强的系统性、实用性、实践性和指导性。

17.《戏剧项目活动组织策划》

戏剧的表演形式多种多样,常见的包括话剧、歌剧、舞剧、音乐剧、木偶戏等,是由演员扮演角色在舞台上当众表演故事情节的一种综合艺术。戏剧情节、歌唱和舞蹈这三者的复杂结合,使中国戏曲具有独特的风格和一系列艺术上的特点。本书对学校戏剧项目活动的组织策划进行了系统而深入的阐述,体例科学,内容全面,具有很强的系统性、实用性、实践性和指导性。

18.《表演项目活动组织策划》

表演指演奏乐曲、上演剧本、朗诵诗词等直接或者借助技术设备以声音、表情、动作公开再现作品。加强学校文化阵地的建设与组织活动策划是一项非常系统性的工程。本书对学校表演项目活动的组织策划进行了系统而深入的阐述,体例科学,内容全面,具有很强的系统性、实用性、实践性和指导性。

19.《棋牌项目活动组织策划》

棋牌是对棋类和牌类娱乐项目的总称,包括中国象棋、围棋、国际象棋、蒙古象棋、五子棋、跳棋、国际跳棋(已列入首届世界智力运动会项目)、军棋、桥牌、扑克、麻将等等诸多传统或新兴娱乐项目。棋牌是十分有趣味的娱乐活动,但不可过度沉迷于其中。本书对学校棋牌项目活动的组织策划进行了系统而深入的阐述,体例科学,内容全面,具有很强的系统性、实用性、实践性和指导性。

20.《游艺项目活动组织策划》

游艺是一种闲暇适意的生活调剂。其中既有节令性游乐活动,也有充满竞技色彩的对抗性活动,更多的则是不受时间、地点、条件制约的随意方便的自娱自乐活动。其中有的继承性极强,规则较严格;有的则是无拘无束的即兴自娱;有的干脆是一种与生产紧密结合的小型采集和捕捉活动。这些丰富多彩的民间游艺活动使得广大劳动人民特别是青少年无论在精神生活、智力开发还是身体素质诸方面得到有益的充实和锻炼,也成为最普及的农村文化活动形式。本书对学校游艺项目活动的组织策划进行了系统而深入的阐述,体例科学,内容全面,具有很强的系统性、实用性、实践性和指导性。

由于时间、经验的关系,本书在编写等方面,必定存在不足和错误之处,衷心希望各界读者、一线教师及教育界人士批评指正。

编者

目　录

第一章

学校图书馆建设指导

1. 利用图书馆资源提高学生素质

"理想的书籍是智慧的钥匙"。学校的图书室的读者是学生，在实施素质教育的过程中，它提供给了学生许多课本无法学到的知识；它扩展和延伸了学生课堂学习；它帮助了学生扩大了知识视野；他汲补了学生更多的知识营养。而多数学生往往在书山中盲目地走着所谓"勤之径"，把勤字简单地理解为多读、多看、多借阅，因而在"学海"中来回游弋，找不到目标方向。

思想上，谈不上情操之陶冶、品行之和谐；文化上，看不到思维品质的提高和实践技能的创新；身体和心理素质上，良好的生活方式和健康稳定的个人情感意志，得不到积极的发展和加强。因此，如何根据学生自身的阅读需要，选择正确的科学的阅读方法，进行创造性地阅读指导，是学校教师责无旁贷的工作责任。

让每一位学生通过阅读建立合理的知识结构，促进学生的全面发展，为学生整体素质的全面提高起到积极的辅助作用。下面就从提高学生综合素质的意义上，与教育工作者谈一谈如何利用学校图书馆资源提高学生的综合素质。

启迪思想，指导阅读，培养思想素质

良好的思想品德需要优秀的教育方法。图书馆丰富的知识信息，为我们对学生思想进行潜移默化的教育，陶冶高尚的情操和思想品质提供了一个"润物细无声"的教育场所。由学生的不同心理特征可进行分层指导。

（1）开阔眼界，了解现实生活。

指导学生读历史小丛书，中外名人传记等，激发爱国之情，确立报国之志。

（2）塑造新品质，吸收好思想。

有针对性地指导学习《雷锋》、《张海迪》等书籍，让主人公的理想、人生追求、奋斗目标及思想品质生动形象地展现在学生面前，给学生以启迪，使学生能较好地调解生活学习情绪，真正品位体验人生的每一步。

开发智力，指导阅读，提高写作能力

图书馆是学校教育的"第二课堂"。教师积极主动地开展丰富多彩的读书活动，利用书刊，让学生多动脑、多观察、多动手，发展学生的个性和创造性，使"第二课堂"并不"第二"的思想深入学生心里。

（1）利用橱窗。

多介绍文学名著的写作方法，经行指导，在提高学生文化修养的同时，提高学生的艺术鉴赏能力和写作能力。

（2）利用黑板报。

学校小广播，多发表学生的读书笔记和优秀习作，积极引导学生博取众长，提高语言表达能力，以意境深远、感情真挚、以真、善、美呼唤人生，塑造美的心灵，为自己确定主题旋律，提高文化修养和思想境界。

（3）在阅读指导中。

教师注意从"名家短篇"中，巧设问题，从中激发学生的好奇心和阅读兴趣，诱发学生去探索和思考科学之奥秘、艺术之魅力，将属于书刊的转化为自己的知识，培养学生自主学习的能力，鼓励学生认真读书，做好笔记，为写作能力的提高扎实基础。

陶冶情操，指导阅读，增强自觉抵制能力

教师要从图书馆丰富有趣的资料中，指导学生会读勤读，丰富精神生活，进行自我教育，养成良好的生活习惯方式，自觉抵制吸烟、酗酒、早恋、打群架、搞小黑帮等不良行为，用科学的知识保护自己健康的成长，促进学生的正常发展。

（1）向学生推荐阅读书刊。

使得学生自我教育和提高，自觉进行思想品德情感、意志诸方面的自我修养。

（2）组织心理健康和法律知识讲座。

教师可组织进行"读书征文"，实践体验生活等活动，使学生在伟人、科学家的成长轨迹中，看到人生观、价值观和面对挫折的勇气，引导学生正视自我，反思自我。通过法律知识的讲座，及时开展"学法传法"活动，遵纪守法，培养高尚情操，使学生的心理素质得到表现和锻炼。

（3）开展咨询活动。

教师在讲解课内知识的同时，也应该开设心理咨询活动辅导，与学生有感情沟通，在认真倾听学生的心声同时，努力指导学生学习健康心理的读物，使学生的各种心理障碍得到消除或缓解，增强战胜困难和挫折的能力，培养学生独立、健康、快乐、诚信、进取、开放、和谐、创造性的心理品质。

培养自学能力，提高自身素质

做学生阅读指导的良师益友，努力养成学生良好的读书习惯。学生阅读能力的提高，教师的阅读指导是关键。教师阅读指导意在培养学生的思想素质，提高学生的文化素质，培养学生的身体素质和心理素质。而学生自学能力的巩固提高，使学生自己能自觉深层次的阅读，不只停留在篇目书目的推荐式的指导上，要求教师多研究组织创造性的阅读指导活动，全面提高学生的综合素质。

（1）教师要全面提高自身素质。

首先爱岗敬业、热爱学生、博学多识，有较高的阅读鉴赏能力，加强自学能力方面的专题辅导。

（2）要求教师有良好的组织能力。

能指导开展好各种读书活动，有目的培养学生的自学能力，加强自学能力方面的专题辅导。

（3）教师自身的文化修养和人格魅力。

对学生知识掌握和努力开发的影响是无法估量的，它对培养学生的自学能力，巩固课内知识，提高阅读能力和写作水平及学生良好的自学习惯有着积极的作用。

总之，随着素质教育的全面推广，素质教育已成为一种科学的教育思想，是一种体现时代精神和社会发展需要的教育理论。在学校教学体制中，它呼唤新的教育，它呼唤教师的新意识，就让我们充分发挥图书馆的优势，为推进学校的素质教育，积极尝试创造性阅读指导的方法，使学生乐读、会读、优读，全面提高综合素质，培养德才兼备的人才。

2. 利用图书馆培养学生信息素质

教育发展到今天，经历了无数跨越，接受了无数次挑战，而今天所面临信息化的挑战更是前所未有的。如今信息化的浪潮已席卷整个基础教育，以信息化带动教育现代化，从挂图投影，到信息化校园，在这个动态演进过程中，信息化逐步上升为新世纪各国教育变革新标志。这场由新技术革命引起教育的重大变革，正在对教育的各个领域产生巨大而深远的影响。

信息素质及信息能力的涵义

信息素质一词，最早是由美国信息产业协会主席保罗．泽考斯基在 1974 年提出的。其内涵随着时间的推移和科技的发展不断得到充实和丰富。现在的具体涵义是指：有能力从各种不同信息源获取、评估和使用信息，主要包括信息意识、信息能力、信息道德、信息知识、信息观念、信息心理等方面。它是人整体素质的一部分，是未来信息社会生活必备的基本能力之一。其中信息能力是信息素养的核心，具体的包括了以下几种能力：

（1）运用信息工具的能力，即能熟练运用各种信息工具，如计算机、传真机和网络传播工具等。

（2）获取信息的能力，即有效地收集各种信息资料。

（3）处理信息的能力，根据自己的需要对信息进行分析、处理和获取，实现信息评价和创新的能力。

（4）生成信息的能力，即能准确地概述、综合、改造和表达所需的信息，使之简洁明了，通顺流畅，富有特色。

（5）创造信息的能力，即全方位地收集信息后，观察、研究各信息之间的交互作用；利用现有的信息做出新的预测、新的设想，产生新的信息的生长点，从而创造出更有价值的新信息。

（6）发挥信息效益的能力，善于运用接受的信息解决问题，让信息发挥最大的效益。

（7）信息协作的能力，利用信息媒介实现和外界与他人的和谐协作的关系。

（8）信息免疫能力，能够自觉地抵制垃圾信息、有害信息的干扰和侵蚀并制定出相应的对策。

2000 年 10 月教育部长陈至立同志在《全国中小学信息技术教育工作会议上的讲话》中指出，"信息素养已成为科学素养的重要基础"，"未来世界居领先地位必是信息能力最强的国家，我们要从中华民族伟大复兴的高度认识在中小学普及信息技术教育的重要性和紧迫性，认识培养学生的信息素养的重要性和紧迫性，要像培养学生读、写、算一样培养学生掌握和运用信息技术的能力，逐步提高信息素养"。那么，如何培养学生的信息素养，提高他们的信息感悟、信息实践能力，以促进他们的身心发展，为进一步培养创新型人才奠定基础呢？

信息素质教育是以培养学生信息意识和信息能力等为宗旨的教育，它不仅包括传统的图书用户教育，还包括计算机运用技术。网络运用技术和信息检索技术的教育，以及信息意识、信息观念、信息道德、信息法规等方面教育。它并不是一种纯粹的技能教育，而是要培养学生具有适应信息社会的知识结构、继续学习能力、创新能力和批判性思维能力等。

加强信息素质教育的措施

（1）提高教师信息素质，充分发挥教师的导航作用

教师的信息素养是直接影响学生信息素养的关键，教师必须进行不断地学习，从各种信息源中获取新信息和新知识，更加注重更新自身的知识结构和思维方法，不断地优化和探索适应素质教育的教学法。如果一个教师不能及时获取发展研究的新信息，就会影响教学内容的更新，甚至还会将一些已经过时的观点传授给学生。所以说，一个自身缺乏求知欲和创新能力的教师是无法培养出具有良好信息素质和创新能力的学生的。教师们在教学之余，一定要学会利用图书馆。国际互联网等信息源，来寻找自己所要的信息资料，从而达到充实教学内容、提高教学效果。具体的做法可以是：

①充分利用网上资源多在网络上进行阅读。当代信息技术使人们传统的阅读方式发生了变革：从原来的文本阅读走向超文本阅读；从

单纯阅读文字发展到多媒体电子阅读；基于网络的高效率检索式阅读。教师如果经常光顾网站，就会不断发现对自己有价值的信息、知识和资源，极大地开阔视野、拓宽思路。这些不是书本这种古老的传媒载体所能比拟的。在不远的将来，网络阅读将成为教师获取知识、进行教学和科研的重要手段。重视并坚持网络阅读是培养教师信息素养的重要途径。

②经常性使用多媒体上课，想不想、敢不敢、能不能在多媒体室或电脑室上课，是教师信息素养提高过程中的分水岭。要充分创造条件，将信息技术应用于各课程的教学中，不要求一节课从头到尾都用信息技术，但也不要说等到自己的技术水平很高后再用。教师作为终身学习者，必须不断地学习新知识、新技术、新方法，创造性地运用信息技术，探索新型教学模式，为培养和提高中小学生的信息素养做出应有的贡献。

（2）加强网络化建设，保证信息素质教育。

要提高学生的信息素质、图书馆的作用是不可低估的。如果没有一个方便学生查阅和利用的信息量丰富的现代化网络化的图书馆，那么学生们遇到难题就无处找寻，这不利于学生自学能力的培养和提高，学校的信息素质教育将只是纸上谈兵。因此，我国小学就加大对图书馆的投入，力争在藏书数量质量、员工素质、管理机制、自动化网络化建设上有一个重大的突破，以适应信息素质教育需要。

总之，在知识经济时代，教育应该成为先导性、全局性、基础性的知识产业和关键的基础设施，从而置身于国家优先发展的战略重点地位。21世纪将是一个信息化社会、知识经济时代，信息将是最主要的资源，并且对于一个国家的综合国力是具有决定性意义的，在教学中培养学生的信息素养是学生接受终身教育的前提条件，更是培养创新人才的先决条件，信息素质是一个人在这个时代生存发展所必备的基本能力。只有把"培养学生的信息素养"植根于教学的方方面面，才能真正提高学生的信息意识、信息能力，成为可持续发展的人。

3. 让图书室成为师生成长摇篮

随着新课改的全面推进，我们不难发现，新课程改革将终极目标极富诗意地定位在为学生终身发展奠定基础上，教育的目的不再是简单地向学生传授现成的理论知识，而是让学生学会自主学习、学会求知，养成终身学习的习惯。而这一切无疑给学校图书室赋予了新的机遇和挑战，农村小学的图书室是学校全面推行素质教育的前沿阵地，对教育教学起着补充调节甚至引领的作用，如何让这些宝贵的图书资源发挥其最大的功能与效益就显得格外重要。

然而我们的农村小学图书室在教育教学中发挥了多少作用？图书室里的书为教师和学生的成长提供了多少精神食粮？那些重复且不适合学生、教师阅读的，显然是为凑足册数而摆在书架上的遍布灰尘的书，以及多数时间被锁住的图书室、阅览室大门，这一切，都足以令关注教育、关心未来的人忧虑。

现状分析

图书室是学校教育中与实验室、师资力量相并列的要素之一，因为"普及九年义务教育"验收工作把图书室建设作为学校办学基本条件之一进行评估验收，所以自 2005 年以来全县各级中小学图书室硬件建设普遍得到了较大规模大改善，人均图书室面积和生均图书拥有量有了明显的增大。但自验收合格以后，由于种种原因，各级各类学校的图书室管理工作，还是没有得到应有的重视，图书室的功能还是没有得到充分的发挥，图书利用率低和师生阅读热情不高的问题在一些学校比较突出。具体表现在：

（1）图书单一化和陈旧化。

在图书室建设中，藏书是图书室各项工作的物质基础，没有高质量的藏书，就无法为教师的教学和学生的学习提供有效的服务。限于经费等原因，很多农村小学没有定量、定期添置图书，多数学校图书资料跟不上课程改革的要求。在有限的图书中，旧书多，新书少，图书馆藏书中大量陈旧过时、无人问津的图书，而新近出版的书籍以及文学、科普类等适合中小学生阅读的书较少。

有些学校为了凑足图书册数，大量购进便宜图书，还有一些学校的图书是由有关部门或者单位捐赠的，这些图书并没有专职人员进行筛选，有不少不适合学生阅读。加之多年来，中小学校受应试教育的影响，收藏了大量的试题、教参等资料，而随着中小学课程的调整，教学大纲及教材的变化，这些资料已经失去了参考价值，远不能适应师生的需求。

（2）图书管理不规范。

图书的分类和著录是图书管理的核心，它直接关系书的查检率、准确率和流通率。由于多种原因，许多学校没有专门的图书管理员或图书管理人员的专业素质较低。谈到图书管理有些农村校长甚至说，"教课老师人手紧缺，抽不出多余的人来管理图书馆。"还有个别领导认为："借课外书的学生少，图书室对升学作用不大，没有必要配备专业人员！"

由于学校图书室的管理人员大多是教师兼任，缺乏必备的图书室基本理论知识，在管理上只停留在保管好文献资料的基础上，没有进行合理的归类和科学的排架，使得整个图书管理呈现于无序化、分散化态势，极大影响了检索效率和利用效果。

（3）图书利用效果不理想。

①学生的阅读兴趣不大就我县而言大部分学校没有开设阅读指导

课，没有对学生就课外阅读加以知识上和技术上的指导，致使许多师生不知道如何利用图书室来查资料。有的学生甚至认为读参考书没有用，又不会提高考试成绩，所以不愿走进图书室，导致图书借阅率极低。

②自主阅读的氛围没有形成有的学生即使借了书，也懒得看，一直藏在书包里，老师要求他拿出来，他才不情愿地看几页。根据班主任的统计，这种学生在班级里可能占三到四成。

③图书破损和缺少的现象严重每次还书的时候，总会发现有一些新书变得很脏，很旧了，有些质量稍微差一点的书已经掉页了，有些书的条码和书标不见了，还有的书里面被学生作了记号，甚至会有学生把书给弄丢了。

对策研究

图书室对学校教育、教学有着不可替代的独特功能。我们处在知识激增的信息时代，课堂教学的局限性越来越明显，仅仅靠教师在课堂上有限的讲授是远远不够的，而图书室无论是在让学生积极主动、生动活泼地学习和发展方面，还是在培养他们探求知识，提高分析和解决问题的能力方面，以及陶冶情操、培养审美情趣、提高文化素养和基本素质方面，都能发挥极其重要的作用。

著名的教育家苏霍姆林斯基曾说过"让学生变聪明的办法，不是补课，不是增加作业量，而是阅读、阅读、再阅读。"因此，学校要充分利用图书室这一丰厚的资源，引导学生与好书为友，让学生与大师对话，在继承人类优秀文化遗产中净化学生的灵魂，升华学生的人格。

（1）及时扩大其内存，丰富其品种。

随着时代的进步，人们需要的知识越来越多，学校应该广辟书源，经常给图书室补充"新鲜活水"。

现在图书价钱普遍比以往贵十几倍，甚至几十倍。而农村小学的经费又都很紧张，要让学校拿一大笔经费购买图书有相当的困难，但方法不是没有的。建议可以从以下几个方面解决缺少图书问题。

①争取各部门或领导为学校图书室赠书。

②发动师生为图书室捐书。

③可以适当采购旧书、打折书。在旧书市场，有相当一部分书不过时，其价格便宜，可读性强。此外，一些书店因经营不善或转向经营，店内图书打折出售，学校可借此机会选购部分优秀图书，充实图书室。

另外，管理员应根据借、还记录，适时地淘汰一批内容陈旧、少有人借的旧书。

（2）不断完善管理方式，提高管理水平。

"没有规矩，不成方圆"。无论一个国家，一个学校，还是一个图书室，都一样需要规章制度。如果没有规章制度，就不能保证图书室的合理使用，图书室也就成了"摆设"，没过几年也可能连图书都没了。因此，在图书室的管理中，应建立专人负责的管理模式，并制定了一系列规章制度，包括图书室管理制度、管理员职责、图书借阅制度、图书维护与赔偿制度等等，将图书室管理工作规范化、科学化，为正确高效地利用图书室、借阅室提供了有力的保障。

（3）开展活动，让书"活"起来。

学校可依托图书室，开展了一系列读书活动，让图书室里的书"活"起来。如：

①开展教师读书活动每学期为教师推荐必读书目和选读书目2－5本，开展好"同读一本书"和"各读各的书"活动。期末进行成果交流展示。如读书笔记交流，读书知识竞赛等。建立奖励机制，补助教师报刊征订费。评比书香行动优秀教师和教师书香家庭。建立"师生读书日"制度，开展师生共读经典活动，以大力营造校园读书的

氛围。

②开展学生读书活动学校和班级应精心设计、认真组织、积极开展各种阅读活动，把阅读渗透在丰富多彩的活动之中。例如：每周搞读书笔记展览；每月举办读书会，学生们交流和分享自己欣赏的书籍；每学期开展"书香班级"的申报评比活动。

③家庭读书系列开展"亲子读书"活动，将家庭引入到热爱图书、享受阅读、热爱母语、享受经典的行动中来。学校每学期可结合"校园读书节"开展全校性的"亲子读书"活动，邀请家长一起参加。要求父母应督促孩子每天阅读课外书，按要求做好读书笔记。经常为孩子购买一些文学书籍。平时能关心孩子的课外阅读情况，并给予一定的指导。开展父母与孩子"同读一本书"活动。

通过各种活动，使学生体验到"事非经过不知难"的成功喜悦，发出"书到用时方恨少"的感叹，从而保持阅读的兴趣，激发学生阅读的热情。

"问渠那得清如许，为有源头活水来。"学校图书室就是新课改和培养学生成长的源头活水。我们只有脚踏实地，实事求是，以新理念来组建和管理学校的图书室，让农村小学有限的图书资源创造出无限的知识财富，让每个农村学生都爱读书、会读书、善读书，在书中泛起理想和成才的涟漪。

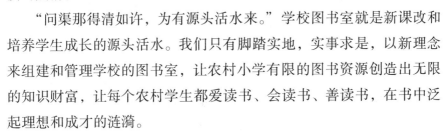

4. 让师生爱上学校图书馆

中小学图书馆是师生的第二课堂、知识乐园。课堂的教与学在这里得以延伸，课堂知识在这里得到拓展、丰富和深化。国际图书馆协会联合会、联合国教科文组织曾发表《中小学图书馆宣言》，明确提出"中小学图书馆是保证学校对青少年和儿童进行卓有成效教育的必不可少的事业……一所出色的图书馆是保证学校取得教育成就的基本条件。"可见，加强图书馆建设已成为现代学校教育不可或缺的一个重要组成部分。

作为学校，如何来提高图书馆的建设，丰富内涵，让师生爱上学校图书馆，成为他们心仪的场所。

美化学校图书馆，努力为师生营造良好的环境

学校图书馆首先要提供良好的读书环境和浓郁的文化氛围。一幅幅美丽的图画，一句句经典的名言，一张张漂亮的剪纸、一篇篇精彩的感悟，点缀各个角落，能给他们带来欢乐、祥和、幸福，创造良好的阅读环境。由于我校是一所百年老校，在图书馆环境设施上远比不上一些新建学校，但我相信只要肯多花工夫，动点脑筋，在原有的馆舍条件下，保持洁净，并进行适当的修饰，如在墙上悬挂一些师生的书画、读书作品、照片等，在图书馆放置些绿色植物等，这样使师生感觉亲切自然，更能吸引他们的目光，努力营造一个舒适、宁静、和谐的阅读环境。

加大学校图书馆的宣传力度，吸引师生的步伐

图书馆老师是架起书与读者间的桥梁，图书馆的宣传力度决定了师生是否愿意来图书馆的一个重要前提。每次有什么新书上架、有什么推荐图书、图书借阅情况等都应在橱窗中及时公布。图书馆网页也是对外宣传的一个窗口，我们可以有效地利用这个平台，让读者了解到更多关于本馆的信息，知道图书馆的一些基本知识，开展好网上书评、好书推荐、读者征文、读书心得交流等交互式读书活动。也可以通过讲座等形式向师生及学生家长进行阅读方面的宣传，因为在与学生的交流中发现，有些学生家长对子女课外阅读不理解，甚至不支持，

这也影响了学生的阅读兴趣，从而降低了学生到图书馆来借阅图书的热情，所以向学生家长进行阅读方面的宣传教育也是十分有必要的。

丰富馆藏图书，充分发挥学校图书馆的功能

不断丰富学校图书馆的藏书，实行科学的管理，充分发挥它的价值和效能，为广大师生服务，让师生真正爱上学校的图书馆。

（1）选购新书。

学校图书馆要不断丰富馆藏图书，使之成为知识的宝库，所以购书一块是非常重要的。在这方面，要根据教与学的需求和师生阅读的特点及喜好，从全面推进素质教育出发，每年有计划地添置图书资料，充分、合理的使用好图书经费。我们每年除了区教育局基建站征订的图书外，上海书城、新华书店、科海书店、当当网等都是我们选购图书的对象。我个人觉得当当网是一个不错的购书网站，图书有教育、科技、少儿、文艺等各类图书，每本书都附有封面、内容简介等相关介绍，还有最新上架、独家定制、持续热销、五星奖等图书，可以帮助我们知道一些图书的最新动态及市场上一些热销的图书，作为我们选购图书的一个参考。

（2）图书排架。

为了更好地管理图书，把图书更清晰地展示在读者面前，方便师生借阅，标引、排架是一项不可忽视的工作。我校是一所老校，图书馆面积不是很大，许多馆藏图书比较陈旧，摆在书架上也无人问津，而一些新到的图书却没有书架可上。为了科学地管理图书，一开学，就要把陈旧的无利用价值的图书全部下架，准备剔旧，再对馆藏图书根据中图法重新进行了排架整理，并贴上标引，方便师生借阅。

（3）借阅管理。

用海慧软件进行计算机管理，并实行全天全开架服务，每天中午安排各班集体借阅，课余个人随时借阅，争取让"每个读者有其书"，

"每本书有其读者"。考虑到师生的实际情况，学生平时课业负担比较重，借书都很匆忙，教师们工作也很繁忙，没有足够多的时间选择图书。除了向学生提供新书借阅专栏外，还开辟了推荐图书栏，学生栏，结合学校每月的德育主题活动。教师栏，有市、区推荐下发的教师必读、选读书等，推荐一批适合师生阅读的优秀读物，供师生选择借阅。同时还根据学生年龄特点，有计划地把一些图书发放到班级图书角，通过班主任及小图书管理员的管理，定期轮换图书，供学生阅读。对于电子读物、期刊等分别设立专栏，供师生借阅。

开展各类读书活动，激发师生对阅读的兴趣

学校可以举办读书节活动。在充分利用学校图书馆资源的情况下，开展"我读书，我成长，我快乐!"、"走进童话世界，享受七彩阳光"、"青年教师学习沙龙"为主题的读书活动，举办知识讲座、红领巾跳蚤书市义卖、故事比赛、亲子阅读、知识竞赛、写读后感、制作电子小报等一系列活动，营造了积极向上、清新高雅、健康文明的校园文化氛围，激发了师生读书的兴趣，体验阅读的快乐。

开展良好的服务，使师生爱上学校的图书馆

微笑服务、热情服务、个性服务在图书馆工作中也是非常值得提倡的。图书馆老师每天应保持愉悦的心情，对于每位到馆的师生，都要面带微笑，主动热情，并了解他们的需求，为他们推荐、借阅图书。学生借书往往无目的性，教师可以根据其年龄特点、喜好、活动主题等推荐优秀的读物。而教师借书相对有目的性，作为图书馆老师要主动获取教科研等方面的信息，为他们提供方便。当然，认真做好二次文献为教师提供教育教学参考也是非常重要的。另外，平时主动关心教师子女的情况，如有些教师子女虽不在自己学校读书，我们也可以适时向他们推荐借阅一些适合自己子女爱看的书籍。总之，良好的服务也是师生爱上学校图书馆的一个关键。

当然，还有重要的一点，图书馆的建设除了图书馆老师自身的努力外，还需要学校领导的重视及对于图书馆工作的支持。有了领导的理解与支持，图书馆工作才能有更好地开展，真正地使师生热爱阅读，爱上学校的图书馆。

5. 管理好图书室培养学生阅读能力

学校图书室是学校课程资源重要的一部分，管理好学校图书室，充分开发与利用这一资源使之发挥更大效益，对培养学生具有良好阅读习惯，促进学生个性健康发展具有深远的影响和意义。农村小学，如何做好图书室的管理和培养学生阅读这项工作，是值得研究和实施的。

培养学生具有良好阅读习惯具有重要意义

《语文课程标准》要求 1 至 2 年级认识常用汉字 1600 至 1800 个，课外阅读总量不少于 5 万字。显然，要求学生具有很好的阅读能力，这就必须得对学生进行培养，使他们具有良好的习惯。尤其是阅读习惯，这也是小学阶段教育 3 个核心的关键。从终身学习角度来看，这一习惯将跟随一个人的一生，并影响他的一生。

阅读不仅指是教材，更多的是指课外阅读。以一名低年级学生为例，如果每天坚持阅读 30 分钟，以后肯定终身受益匪浅。要提高整个民族的素质，重视儿童的阅读非常重要，小学阶段一个重要任务是教儿童会阅读，第二步是学会通过阅读来学习。而且阅读在小学就要求就达到一个量，如英国，一年级达 1 万字。

然而据北大心理学刘祥博士介绍：现在中国儿童存在大量的阅读

困难，*4* 年级学生达 *17%*，而到了 *18* 岁，*30%* 达不到高三阅读水平。因此，提倡阅读很重要，中国儿童阅读主要从语文课本教材出来，一年级中国儿童阅读量大概是 *4900* 字，比美国少了 *1/6*，这远远低于美国儿童阅读量。国内专家指出，父母对孩子教育应启发孩子的阅读潜力，培养爱读书的好习惯。这样看来，学校培养学生阅读的任务是十分艰巨，其意义已是不不言而喻。

当前农村小学图书室的基本情况

随着义务教育事业的发展。农村小学在义教工程的配套项目中，也配备了一定的图书。农村小学也随之设置了图书室。然而当前图书室的管理、开发和利用并不是很乐观。究其原因，是多方面影响。

学校的图书室，就仅仅存放国家拨发的这点图书，是不能满足师生阅读的需求。更重要的是许多学校图书室的设置往往只是为了应付检查工作需要，或是为了方便管理，大都是设而不用。没有充分认识课程资源的重要性。

在校的老师和学生也没有开发这一个知识的源泉。教师忙于上课，何时有时间指导学生或辅导学生时行阅读。有也不过是蜻蜓点水罢了。学生也不过是课后完成老师布置作业，随之剩下的是时间，用于玩耍、游戏、看电视。又何时何地看见一位学生借一本课外书去阅读呢？

农村小学的学生，缺乏课外读物是普遍的，读物不外乎是语文课本而已。导致这种瘫痪状态的图书管理和学生阅读氛围，其原因也是一言难尽的。一个村级学校，学校的管工作得进一步调整，如何调配老师去管理学校的图书室，指导学生去阅读，也是学校领导应考虑的，但从目前来看，没有一位是专职去管理这项工作的。这对图书室的管理产生不良影响，是不科学的，不规范的。因为一个人的精力和能力是有限的。管理图书室，工作量也是相当辛苦的。一个萝卜一个坑。

每位老师都有自己的工作任务。如何配量管理员，承担管理学校图书室的任务是值得思考的，因为这项工作关系到图书室发挥效益与否，直接影响到学校阅读氛围的形成。正是因为农村小学的配置原因，导致不乐观的因素是存在的。

管理好图书室培养学生良好的阅读习惯

针对农村小学的现状。管理好学校的图书室，充分挖掘这一资源，培养学生的阅读习惯和能力，我认为应该进行以下工作：

（1）重视学生阅读习惯的培养。

要从这一认识进一步提高意识。学校领导本身认识不到位，对工作安排考虑不周，抓重点而忽视了细节的作用，其管理成效也是不长远的。学校领导应充分认识到学校图书的配置情况，要有计划去创建图书室。哪些是可以利用的，哪些图书类型是需要增加购置补充的，都应有个计划，并进一步去实施。

图书室缺乏趣味性、科普性、知识性是导致老师和学生不爱阅读也是原因之一，因此，就必须从时代的需求，根据不同年龄段、配置相应的图书，以便吸引更多的读书学生。学校缺乏最简单的图书，连环画。这些图文并茂，通俗易懂，文字简练的东西助于低年级学生的阅读。但是大多数的学校是空白的，更谈不上什么卡通漫画，幽默之类的刊物了。

因此，创建学校的图书室是十分重要了。增加一些人与自然、动物、植物之类书籍。生在农村连老师也讲不出一些常见植物或动物的名称，学生了解的更缺乏了。只有学生对课外书产生了兴趣，对阅读有了向往、渴望形成的良好习惯和能力也是指日可待了。

（2）学校应当建立健全管理体制。

没有规矩不成方圆，管理体制建全与否是管理图书的关键。同时对管理人员的选配应当是值得考虑的。农村小学不可能让年老的教师或责任心不强的老师去担任管理员的。管理人员应当是精力充沛、有创建、知识系统广一些。这样才有能力把图书室管理好。否则光有制度也是不可能的。因此，图书室管理体制和管理人员配置也十分重要的。

（3）学校、社会应该联手起来。

为孩子们创建一个良好的阅读环境，对学校而言，建立不规范的图书室，直接影响对学生的阅读培养。图书室应当是完完全全的图书室，而不是教学仪器和其他各室的综合室。体育器材也放进去了，这不仅影响了图书的管理还产生了对师生的阅读情绪，如何设置一室既便利师生的借阅还书，还易于管理员的管理，都应有个科学的规划与安排。

对老师的和家长而言，应该起到带领学生进行阅读、培养学生的阅读习惯。最起码的是起到督促的作用。教师选择有关的题材，指导学生进行选择该物，家长们利用有闲的时间，给孩子们买些读物。多鼓励和关心他们的学习，我想习惯成自然，其后果是可想的，如今传播媒体的多元化、电视动画系列的滥播，吸引了儿童相当的吸引力，这些不利于儿童进行阅读因素。家庭、社会缺乏研读的场所，也制约了儿童的阅读。

我们应当为孩子们开辟一处有利于读书的环境，就得争取社会、家长们的一致支持。否则是不可能创造读书的氛围。关注儿童的教育，更应关注儿童的学习，更注重培养他们的阅读习惯。多方面，多渠道为孩子们提供可读性图书，为他们营造一个良好学习环境。

"书是人类进步的阶梯"。开卷有益，我们没有什么理由不去读书？关注下一代健康成长，就是关心我们的未来。"生活没有了书，就像没有阳光，智慧里没有了书，就像鸟儿没了翅膀。"管好学校图书室，培养学生良好阅读习惯。培养他们的阅读能力，让他们乐于读书。开创学校教书育人新天地，是我们教育工作者应该努力去工作光荣的任务。

6. 办好图书室　创和谐校园

书籍是人类宝贵的精神财富，是采掘不尽的宝矿，对于每一个个体的民族精神成长和文化知识成长等都具有重要意义。学校是教育之地，书香校园体现着一个学校的文化内涵，和谐的书香和谐校园是构建社会主义和谐社会的重要组成部分。学校图书室浓缩着一个学校的知识储备，在创造健康、文明、和谐教育、和谐校园的建设中，具有不可替代的作用，它是基础教育的重要组成部分，是学校不可缺少的办学条件之一。

如何充分发挥学校图书室的职能作用，促进书籍在学生学习生活中的流通使用，提高图书室的服务水平，推进书香校园和谐发展，是我们必须深刻思考，并积极探索的。

校图书室在创和谐校园中的重要作用

和谐的书香校园是一种以友好相处、相互促进、协调发展为核心的校园学习氛围，体现了以人为本的核心，教育与教学之间、学习与阅读之间是相互促进、互为发展的和谐关系。学校图书室是一个收藏、利用文献等信息资源，服务教育、拓展学习视野的专门机构，是多种文化资源的聚集地、传播地和传承地，其特有的职能作用确立了中小学图书馆在营造和谐的文化氛围，构建和谐校园中的重要地位和作用。

（1）学校教育中的重要作用。

教师教学资源的摄取，除来自教科书之外，图书室的藏书占据绝大优势。学校根据教育需要，开展各类读书活动，通过阅读书籍，对青少年的思想行为、道德情操、人文素养、心理成长等方面教育潜移默化。在阅读中，还能够有效地增强师生的天文地理知识、法制观念、安全防范和卫生保健意识，塑造学生良好品德，提高校园文明程度，形成良好道德风尚和和谐的人际关系，推动健康、文明的和谐校园建设。

（2）学校教学中的重要作用。

学校图书室，不仅是学科教材的辅助场所，它丰富的课程资源，也是学生拓展视野，提高自我学习能力的基础。学生直接通过自主阅读，创新学习方法，变被动学习为主动学习，提高了学习的有效性，也提高了学生自主学习能力。同时，图书室还为教师教学提供资料，促进教师自身学习积累，提高教育教学质量，从而更大程度上推动和谐校园建设，更好营造校园书香氛围。

办好校园图书室，促进校园和谐发展

办好一个图书室，不是将一捆一捆的书摆上书架就可了事的。图书室不仅是存放书籍、借阅书籍的地方，更是可以让师生可以潜心阅读的环境。创设好的阅读氛围，通过教师引导，开展各种读书活动，将有效地推动图书室的发展，最大限度发挥图书室在校园文化，尤其是书香校园建设中的巨大作用。

（1）做好图书室各项工作，确保阅读扎实有效。

要充分体现学校图书室服务于教学，服务于素质教育的作用，使它的育人功能得到充分发挥，在图书室的管理开放上，必须做到四坚持。

①坚持健全图书室管理制度，做到有据可依。要健全图书室，保证图书室书籍的有效、循环使用，图书室必须制定明确的管理制度，并且制度上墙，坚持每一位进入图书室阅读的读者都能有据可依，自觉保管好书籍。要每学期有计划、有措施、有总结，做出实效。

②坚持定期开放，校图书室应该针对各校实际情况，制定专门的

22

阅读时间表，促进学校师生都能有时间进入图书室阅读。一般我们将阅读时间定在课余及文体艺时段，分年级、分班级进行。

③坚持抓好班级图书角建设，增强和拓宽图书室的功能。图书室是阅读的一个窗口，各班配备的图书角也是图书室的重要组成部分。在学校一定数量的书籍储备基础上，鼓励学生利用节假日到书店购买课外读物，存放于班级图书角，可以相互借阅、相互传看，一学期一轮换。通过图书角的建设，弥补了校图书室无法随时开放、书籍不够全面的缺陷，拓宽了图书室的功能。

④坚持做好新书、好书的宣传推荐工作，图书室书籍数量很大，学生对于自己如何选择阅读并不具有很强思考能力。图书室不仅要为学生提供可以选择的空间，更要引导学生学会如何选择书籍进行阅读。图书室可以专门开辟了一周一期的新书、好书推荐介绍专栏等，并组织学生阅读交流会，让学生参与其中，相互交流介绍书的内容和读后感，不仅使他们的口语表达能力得到锻炼，还使其他同学了解书籍信息，学会如何选择，如何从书中受益。

（2）发挥图书室优势，营造和谐书香氛围。

书籍是人类进步的阶梯。但浩瀚的图书世界，让勇敢者前进，让怯懦者止步。小学生大多比较贪玩，对于文字缺乏兴趣。要激发学生阅读兴趣，让学生愿意走进图书室，留在图书室，就必须充分发挥图书室优势，营造出和谐的书香氛围。

①营造独特的阅读环境充满童趣的图书室布置、图文结合的板画、激励性的名言警句，让学生先喜欢上图书室的氛围，才能吸引他们走进图书室。

②营造宽松、愉快的阅读环境快乐的情绪有助于学习，让学生在快乐的情绪中开始阅读，在阅读中感受文本的内涵，达到相互促进的作用。在图书室播放一些轻松的音乐，放置一些小玩意，都有助于学生放松心情，进入较佳的阅读氛围，使阅读效果大大提高。

③营造适当的竞争环境学生，尤其是小学生，缺乏充分的阅读意识和阅读耐性。可以根据学生兴趣爱好，建立"讲故事"、"科技我先行"、"天文世界"、"数学宝宝"等各类兴趣小组，有专门的老师进行指导，明确学生阅读方向，并通过评选优秀等手段，刺激学生更积极主动阅读，不断增加知识积累，提高自身阅读能力，形成积极的、良好的阅读氛围。

古人云："授人与渔，足食终生之鱼。"图书室就像那一片汪洋大海，学生在教师的引导下，投入大海之中，捕捉各种知识。大海越美，大海越深，就越能吸引学生的摄取欲望。做好图书室工作，发挥图书室在教育教学中的重要作用，以书为基石，激发学生的阅读兴趣，为学生阅读、学习提供良好的环境。办好了学校图书室，才能营造和谐的书香校园。

7. 发挥学校图书室的使用效率

图书室是学校最基本的办学条件之一，是充分发挥学校教学功能的一个重要阵地。它对学生的文化素质和政治素质的提高，以及综合素质的增强有着不可低估的作用。图书室工作的优劣，不仅要看图书管理工作的好坏，还要看它的使用效率。发挥图书的使用效率，应从以下几个方面入手：

管理人员的政治思想素质必须提高

图书管理人员应提高自身素质，努力做好本职工作，这是管好、用好图书的首要条件。既要在思想上认识到图书室是教学阵地，又要意识到它也是学生开阔视野的第二课堂，能逐步培养学生动手、动脑能力，使他们读好书，读"活"书，从书中吸取丰富的营养。一个好的管理员要做到以下五点：

（1）认真学习文化和专业知识，不断提高自身文化素质，丰富管理水平，使管理更趋于科学化。

（2）了解藏书情况，以"摸清家底"，现藏哪些书，还缺哪些书，做到心中有数，便于有目的有计划的补充藏书。

（3）热爱图书管理事业，爱岗敬业，全心全意为师生服务。

（4）在工作中要做好读者信息反馈的收集工作，及时了解他们的心理活动情况，把来自各渠道的信息汇报给学校领导，寻求解决。

（5）掌握学校工作安排日程，便于及时地学校师生开放图书，并向他们推荐好的书籍。

（6）做好图书的借阅和回收工作，做到遗失要赔，损坏要补，爱护好图书。

提供一个科学便捷的外景渠道

外借工作是图书流通的一种主要形式。它直接向读者提供室藏图书，供读者使用。只有通过外借流通，图书室藏书才能得到充分的利用，读者才能读到自己所需的书，满足自己的学习、工作的需要。

（1）首先让全校师生了解图书室，参观图书室，激发他们的读书欲望。

（2）做好向师生介绍书籍的宣传工作。及时用海报、墙报或新书介绍、新书目录、新书陈列的形式向师生介绍评价一些新出版的适合师生阅读的书目，推荐有利于师生工作学习的参考书，指导他们有目的地选择自己有用的书籍，并学会使用目录卡，使图书室成为他们的良师益友。

（3）能通过学校召开学生家长座谈会，介绍图书的使用管理，发动全校学生自愿办理借书证。这样，为发挥图书的使用效率，加强图书管理打下坚实的基础。

坚持教育方针，引导学生正确的阅读方向

在培养学生课外阅读能力的漫长过程中，教师所起的作用是非常重要的，可以说是学生阅读能力的启蒙者、开发者和引导者。因此教师必须做的工作就是积极发挥引导作用，加强对学生课外阅读的指导，指导学生如何选择恰当的图书、如何制定科学计划、如何掌握正确的方法等。从理性的高度来提高学生对课外阅读材料中理性知识的认识，引导学生深刻挖掘蕴藏于生活现象中的内涵，引导学生由此及彼、从简单的、表层的、看似普通的生活现象中引出深刻的道理。因此教师应当做好以下几点：

（1）以身作则，做好榜样。

俗话说："榜样的力量是无穷的"。要求学生大量阅读，教师自己也必须做到博览群书，以自己独特的人格魅力来感染学生，帮助学生树立起阅读的信念。在平时的活动和交流中，通过指定的阅读材料，师生认真探讨不同类型作品的鲜明特征，认真揣摩和体会作者遣词造句的特点，共享读书的乐趣。在此过程中，学生逐渐受到教师的影响，也开始用心地读书，那么良好的自主阅读的习惯就会在不知不觉中形成了。

小学生的生活经验还很少，迫切需要教师积极创造条件，通过不断的社会实践帮助学生把所学到的知识内化，学以致用，才会令学生觉得趣味盎然，大有收获。在这一点上农村学校要优于城镇学校，平时我会充分联系农村生活实际，紧紧抓住农作物的生长规律，读一本讲四季节气的书，跟他们共同观察天气与农业生产的关系；读一本讲动物的书，跟他们共同观察和了解农村家畜养殖。这样理论联系实际，用身边的熟悉的事情来引导，就很容易使学生不知不觉中养成了爱好读书的习惯，养成了读书联系实际的习惯，养成了好动手爱钻研的习惯。

（2）因材施教，科学引导。

学生经历不同、家庭环境不同、经济条件也不同，必然会使他们有不同的兴趣爱好、不同的心理需要，这是客观存在的。如果在课外阅读方面强求他们整齐划一，达到统一的标准，显然是不符合实际情况也是不可能做到的，必然会造成学生的敷衍应付情绪甚至逆反心理。教师必须承认这种差别的客观存在，做到求同存异，并且及时予以肯定和表扬，使学生充满阅读的信心和勇气，就能充分调动学生阅读的积极性，变被动阅读为主动阅读。学生愿意学习，就达到事半功倍的效果。如果学生在阅读中感受到了快乐，也就逐渐开始喜欢阅读，养成经常阅读的习惯。

（3）关注进步，享受快乐。

每个人都喜欢得到表扬和鼓励，小学生也不例外。在课外阅读上，他们更希望能够得到教师的鼓励和赞扬。那么作为教师，就必须时时刻刻关注学生在课外阅读方面所取得的点滴进步，譬如看到学生能静下心来看一本书，能尝试去读自己未曾读过的书，能做到一点读书随笔等，教师就要及时地给予适当的表扬和鼓励，使学生受到鼓舞，以激发他们积极向上的阅读动力，激发他们强烈的求知欲望和尝试心理。

教师在指导学生开展课外阅读的过程中，充分地肯定学生所取得的点滴成绩，更让学生感到教师时刻在关注着自己。这样就会产生只要努力就取得成绩的信念，久而久之，学生的语言表达逐渐顺畅了，感情表现逐渐丰富了，与人交流的困难也逐渐消失了，开始体验到阅读的快乐了，也更愿意开展课外阅读了，实现了良性循环。那么教师也会体验到成功的快乐，与学生分享快乐。这难道不是双赢的结果吗？

加强行之有效的课外阅读指导

无论从世界观、人生观的培养，还是从知识的迁移、拓展来看，对学生课外阅读给予必要的关注和高度的重视，都有百益而无一弊，不能看成是可有可无的。图书室除了可以开展专题讲座、民主讨论、图书评论、故事会、知识竞赛等各种形式的导读活动外，还要重视课外阅读向课堂教学渗透。图书室应争取工作的主动性，重视与各科任教师的协作和配合，由教师根据各年级各学科课外阅读推荐书目的读物，向学生推荐。

因为学生的阅读兴趣主要在于教师在课堂上激发。如：教师在课堂上深情并茂地叙述了课文中的门某一英雄事迹，就会引发学生读其他描写英雄的故事、小说的愿望。教师在课堂上的精彩讲读分析，实际上就给学生作了课外阅读示范。

随着科学技术的日新月异发展，新课程改革、新的教学理念、新技术、新方法的不断涌现，对图书室工作人员的要求将上一个新台阶，为充分发挥图书室的教育功能，使学生掌握科学文化知识，能更好地适应 21 世纪社会对人才的需要服好务，为实现新世纪基础教育的奋斗目标做出贡献。

8. 学校图书馆的作用

学校图书馆是学校书刊情报资料中心，是为学校教育、教学和教育研究服务的机构，图书馆工作必须贯彻国家的教育方针，利用书刊资料对学生进行政治思想品德、文化科学知识等方面的教育。图书馆既要向学生广泛宣传图书，指导阅读各种书刊，又要为教师的教学提供各种参考资料。具体来讲，主要有以下几个作用。

培养品德，陶冶情操

学校图书馆在青少年的思想行为，道德情操的教育方面起着重要作用。图书馆要配合学校的思想政治工作，利用图书馆所特有的方式方法，例如各种图书宣传方式或组织阅读各种有教育意义的书刊，向学生进行正确人生观教育、爱国主义教育、高尚道德品质教育以及远大革命理想教育等，把学生培养成德、智、体、美全面发展，有理想、有道德、有文化、守纪律的先进性人才。

学校图书馆通过各种优秀读物，可对学生发挥潜移默化的教育作用，使学生在思想道德方面得到有益的启迪。通过阅读革命领袖、英雄人物、著名科学家的模范事迹和成长道路，可为学生树立起学习的榜样、效法的楷模，使学生在效法的过程中，树立正确的人生观，学习到先进人物的崇高精神和高尚的道德品质。通过阅读各种书籍，还可以使学生增强辨别是非的能力。

课堂教学可使学生对道德的认识条理化，而大量读物中渗透着歌颂善良美好、鞭挞邪恶丑陋的主题思想，通过形象的说理和艺术感染力，可使学生产生相应的内心体验，引起少年的思想共鸣，从而提高分辨是非和美丑的能力。图书馆发挥思想教育职能有其独特的一些特点：接触学生具有广泛性。了解学生思想变化具有及时性。掌握学生心理状态具有直观性。引导和教育学生具有多样性和生动性。由于以上特点，使得图书馆在学生思想品德教育方面发挥着重要的、特殊的作用。

配合课程，辅助教学

图书馆要根据学校教学工作的需要，有目的、有计划的搜集各科课程有关的教学参考材料和课外读物，分别提供给老师和学生参考使用。学校图书馆不同于一般的公共图书馆，他的藏书除一部分供教师使用外，大部分藏书要符合学生的阅读水平和兴趣爱好。所选书刊要通俗易懂、富有趣味性，同时还要能够配合各科课程，这样才能够吸引学生，提高教学质量。

学校图书馆在配合课程、辅助教学方面，既要做好面向学生的服务工作，又要做好面向教师的服务工作。

配合教程向学生推荐书刊时，最好与各科教师紧密配合。图书馆要经常从新到书刊中挑选能够配合有关课程或有关章节的书刊资料，推荐给有关的任课教师，然后请教是精选后，向学生宣传，供学生阅读。与教师紧密配合，一方面可以紧密结合课程内容和课程进度，巩固并扩大学生所学知识，另一方面，也可得到教师的支持与帮助，使图书馆的服务工作更加有的放矢，从而提高图书馆的服务质量。

扩大知识面，开发智力

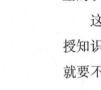

扩大学生的知识面，进行综合教育，是图书馆的又一重要职责。由于科学技术的迅速发展，使各门学科出现高度分化和高度综合的趋势，各学科之间的联系和渗透日益加强，引起了许多边缘学科、交叉学科和综合学科的出现，这些新学科的出现，又进一步促进了学科间彼此的渗透，使自然科学与社会科学的联系日趋密切，各学科彼此孤立的状态逐渐被打破。

这种形势深刻地影响着学校对人才的培养。那种孤立地按学科传授知识的教学方法，已不能适应未来对人才的需要，必须从学校做起，就要不断扩大学生的知识面，向学生进行综合教育，重视对学生智力的开发。而图书馆正是学生扩大知识面，开发智力的重要阵地。

图书馆收藏的书刊中蕴藏着古今中外人类所具有的各种知识，是知识的大宝库。图书馆的职责是将知识宝库变成知识喷泉，把书刊中所含的各种知识开发出来，提供给学生学习，使学生通过阅读各种书刊，扩大自己的知识范围，把学生的文化素养、科学素养、艺术素养等多方面的培养贯通起来，给学生打下较宽广的知识基础。

独立思考，培养能力

未来社会不仅要求学生具备各种知识，而且要求善于运用所学到的知识去创造更多的新知识、新的科学技术。这就需要从小养成各种能力，包括：自学能力、观察能力、分析能力、想象能力、思维能力、表达能力、组织能力等。从学校图书馆来讲，主要是培养学生的自学能力、思维能力和表达能力。

图书馆通过图书宣传的图书馆使用法及读书方法的指导，可使学生培养起查找和选择书刊的能力，使他们学会在同类书刊中进行分析、比较，从中选择出优秀的书刊。使他们能够根据自己学习的需要和个人的兴趣爱好，有目的地查找出自己所想要的书刊，从而养成独立地寻找知识的能力。自学是提高思维能力的有效途径。通过阅读书刊，可使学生养成独立思考、独立钻研、独立分析问题的能力。这些能力凭灌输式的课堂教育是不易培养起来的。而通过图书馆自由地选择、浏览、阅读书刊，可以启发学生问题的兴趣，促进思维意识的觉醒。

表达能力，包括文字表达能力和口头表达能力。图书馆利用壁报、板报等形式，组织学生写读书笔记或读书心得，这对学生的文字表达能力是一种极好的锻炼机会。可促使学生深入领会所读书籍，分析书中思想内容的是非、优劣，做出自己的判断，并用口头表达出来，这对锻炼学生的思维能力、口头表达能力、鉴别和欣赏能力等都是很有益的。所以，学校图书馆在培养学生独立思考及应变能力方面，有着独特的、重要的作用。

由此可见，学校图书馆是学校重要的教育机构，也是对学生进行思想品德教育一个必不可少的重要机构，要管理育人、图书育人，为提高整个民族的素质及下一代的健康成长做出应有的贡献。

9. 学校图书室的职能

学校图书室是学校教育、教学的辅助机构，也是学校实施素质教育的重要阵地之一。加强图书室的管理，发挥图书室的职能，对于提高学校教育、教学的质量，推进素质教育的开展，意义重大。本文就图书室应发挥的一些职能，谈谈自己粗浅的看法。

常规管理职能

图书室的常规管理是图书室的一项基础工作，做好这一工作对图书室其他职能的发挥是必不可少的。图书室的常规管理主要有以下几项工作：

（1）添置新书。

师生对图书的需求是无限的，而学校用于购书的资金是有限的。因此，在添置新书时要注意满足师生的迫切需要，特别要满足提高学生素质的要求，应多购置一些教学参考书和健康有益的课外读物。购书时还要注意藏书结构的合理性，要确保图书的质量。

（2）登记排架。

图书登记有一定的要求，要严格按有关规定登记造册。图书上架应分门别类，科学规范。新书应专辟书柜，分类排架，放在方便的位置，便于师生查找。旧书注销要按有关规定，经主管部门领导批准后，方可办理注销手续。

（3）借阅流通。

藏书的目的是为了师生借阅，应制定并严格执行各项规章制度，规范借阅手续。图书借阅应有一定期限，让更多的人能借阅所需书籍，确保借阅渠道畅通。

（4）平时护理。

平时要经常做好图书的防尘、防潮、防晒、防霉、防蛀、防火等工作，还要做好破旧图书的修复工作，延长图书的使用期，保证所藏图书顺利流通。

服务职能

图书管理人员作为学校的教辅人员，应本着服务于教育、教学工作的思想，积极开展工作，发挥服务的职能。

（1）推荐新书。

学校添置新书后，管理人员应及时公布书目，定期出刊新书简介，及时向广大师生推荐，以促进新书及时流通。

（2）积极开展读书、评书活动。

图书室应多与学校团委等部门和班主任沟通联系，积极开展读书、评书等活动，以拓宽学生的知识面，培养和提高学生的阅读和写作能力。

（3）扩大借阅的时间和空间。

管理人员要充分考虑学校现有条件，多一些奉献精神，要充分利用中午、放学、双休日等学生自由支配的时间，积极为学生借阅提供方便。同时，应积极创造条件，变"窗口式借阅"为"开放式借阅"，让学生根据自己的需要，有较多的选择图书的余地。

（4）购书、借阅的预约登记。

由于种种原因，有时师生需要借阅的图书缺乏或外借未归，为使师生有更多的时间放在教学工作上，图书室可开设预约登记业务，使师生既节省时间，又能及时借阅到所需书籍。

教育职能

学校图书室是学校教育工作的一个窗口，应该充分利用图书室，阅览室阵地，发挥教育功能，培养和提高学生的素质。

（1）环境布置。文明整洁的环境可以陶冶学生的情操，管理人员应积极想办法布置好图书室、阅览室的环境。环境的布置要简朴、宁静、高雅，使之与图书室应有的文化氛围相协调，使学生来到这里置身于知识的海洋中。

（2）习惯培养。管理人员应经常督促和教育学生爱护图书，爱护报刊杂志，教育学生保持整洁、安静的良好阅读环境，从而逐步使学生养成爱护公物，关心他人的优良品德和静心学习的良好习惯。

（3）文明行为的养成。良好的阅读习惯是文明行为的一个方面，除此之外，管理人员在对学生进行教育、管理时，尤其要注意态度和蔼，切不可粗暴训斥，更不能恶意谩骂。要以正面教育为主，多树立优秀典型，给予表扬。让学生在潜移默化中养成文明的行为习惯。

总之，学校图书室是学校的一个职能机构，在学校教育、教学工作中应当充分发挥自身的作用。

10. 加强图书室建设

加强学校图书室建设，在硬件方面加大投入，科学管理，以图书室为阵地，以读书活动为载体，促进学生全面发展，充分发挥图书室的服务职能。

严格图书室管理制度，使图书室管理规范化

为使图书室管理规范化，学校制定了《图书管理人员职责》、《师生借阅制度》、《图书损坏赔偿制度》等一系列规章制度。图书室各种台账齐全，账物相符，图书经费专款专用。图书室实行全天候开架开放。借阅时，充分发挥班干部及小图书管理员的作用，规定按班借阅，保证了学生借书、看书有秩序，不拥挤。图书室的环境卫生做到了窗明几净，桌椅整齐，地面整洁，书架、报刊排列整齐。学校图书室牢固树立"读者第一，服务至上"的理念，千方百计满足读者的各种需求，根据师生的不同要求，做好图书的推荐、介绍和借阅工作。如青年教师要上公开课、练兵课，尽力为他们推荐相关的图书、音像资料。遇到节日、纪念日，向学生推荐有关的图书。为了方便师生借阅，扩大书刊流通范围，尽量增加图书室的开放时间，督促学生及时借、还书。

积极配合学校的各项活动开展图书服务工作

图书室紧密围绕新课改和素质教育，充分利用图书资源，积极配合教导处、少先队大队部开展了各种读书活动及导读工作。

（1）开展读书笔记展评活动。

图书管理人员要求学生每人准备一本读书笔记，在阅读中，发现好词佳句，随时摘抄到读书卡上。每学期开展一期"读书笔记"展评，期末进行汇总评比，看哪位学生写得好，对表现突出的班级、学生予以表扬鼓励。

（2）开展"办手抄报"活动。

学生通过读书，自发开展了"办手抄报"活动。学生通过博览群书，吸取营养，每学期至少自办两期手抄报，学校定期组织评比。此项活动不仅充分发挥学生的个性特长，而且也促进了读书活动的开展。

（3）通过开展演讲或征文活动。

积极引导学生读好书，读学生自己喜欢读的书，激发学生读书的积极性。要求4-6年级学生写读后感，把读书最深刻的感受写出来，并进行读后感演讲比赛，对优胜者给予表彰奖励。

学校图书室通过一系列读书活动的开展，激发了学生学习的积极性，同时，也提高了学生的整体素质。在今后的工作中，加强图书管理工作，努力提高管理水平，使图书室越办越好，使学校图书室成为繁荣校园文化生活，传播先进文化和思想的重要阵地。

11. 提升学校图书馆的软实力

20世纪80年代末，哈佛大学教授约瑟夫·奈提出了硬实力与软实力两个概念。对于图书馆而言，电子资源、物理馆藏等是硬实力，图书馆的人文精神、育人优势、服务意识、人力资源、创新能力等是软实力。

作为一种隐性资源，高校图书馆的软实力体现图书馆的整体精神风貌，是图书馆的价值理念和内在品质，是图书馆综合实力和核心竞争力的重要组成部分。近几年来，全国高校图书馆硬件设施得到极大的加强。但是，高校图书馆的软实力建设不容乐观，提升高校图书馆的软实力已势在必行。

凸显人文关怀

在图书馆的工作实践和理论研究中，人文关怀体现为以人为本的思想，以及图书馆在满足人的信息知识需求、实现人的价值、促进人的发展过程中所起到的积极作用。人的因素第一、公众精神至上，这永远是图书馆的根本准则。因此，在图书馆实践中，要一切为读者着想，尊重读者、关心读者、服务读者，以客体（馆员）适应主体（读者）的信息需求。

图书馆员的服务意识、平等观念和公益观念，是评价图书馆的重要依据，直接关系到图书馆的服务质量。图书馆是个平凡的岗位，也不可能做出轰轰烈烈的事迹来，只要在现有的条件下，积极发挥馆员的主动性和创造性，真正为读者排忧解难，就是对人文关怀的最好诠释。

营造优雅环境

良好的图书馆环境不仅能提高读者利用图书馆的兴趣和效率，还能成为一种对读者施以教化的审美的文化环境。图书馆要在馆内开展形象设计、形象教育、形象宣传，加强人文精神的宣传教育，使图书馆员从思想上认识到营造一个宽松和谐的优雅环境是图书馆工作者自身的责任。在环境的营造上，应从环境对人的影响力出发。注重修饰建筑内的各种细节来加强图书馆的文化色彩，还可以辅以树木、花草等来达到优雅、整洁的效果，最大限度地吸引读者来馆阅览和学习。

另外，在图书馆里布置各种宣传材料、标语口号和名言警句等都能从正面启发读者树立刻苦学习、拼搏的精神，对读者起到潜移默化的作用。图书馆制订规章制度应当从人文的角度出发，关注人文环境的礼貌用语。所有这些都可以把读者引入强烈的文化氛围，激发广大读者的求知渴望。图书馆还要根据自身丰富的资源，举办学术报告、研讨会等，强化图书馆的学术气氛。

强化育人功能

图书馆是高校校园中的师资、设备、图书三大支柱之一，它通过提供文献资料，传播科学文化知识，对读者进行教育。早在 1876 年，美国图书馆学专家杜威就指出："图书馆是一个学校，图书馆员是广义的教师。"因此，图书馆应该充分认识到图书馆在高校中的育人地位。

要通过开展读好书、评好书活动，陶冶学生情操，提高师生的鉴赏力；通过编发图书快讯、新（好）书介绍等栏目，挖掘、开发文献资源，提供信息服务，提高图书利用率；通过举办读者导读讲座、图书资料讲座等，讲授读书要领及读书成才体会，引导学生读好书、善读书，奋发学习，立志成才。通过这些活动，寓育人于管理、服务之中。

推进人力资源建设

信息时代，是一个充满竞争、充满创造性的时代。知识与信息以前所未有的增长速度和创新模式影响着传统图书馆的工作理念，并且使图书馆的工作方式和服务形式发生根本性的变化。面对这种信息环境所带来的机遇和挑战，要提高信息资源开发的深度和网络化服务的水平，适应高校教学和科研发展的要求，无论在思想观念的更新上，还是在业务工作技能的提高上，都对高校图书馆人力资源建设提出了更高的标准和要求。高校要紧密结合自身发展和信息化的进程，制订图书馆人力资源建设计划，在人才数量、质量、层次以及外语语种、专业类别等方面根据情况进行选择和配置，形成合理的结构比例。

要建立一套完整的馆员进修、培训制度，坚持对在职人员进行多种形式的继续教育。通过专题讲座、学术活动，拓宽馆员的知识面，使其及时了解图书馆事业发展的趋势及学术动态，提高其理论水平。

通过专业技能培训，提高业务技能。同时也要采取一定的激励措施，促使馆员自觉学习新知识、新技术，拓宽知识面，自觉提高综合素质。在重视现有人员培养的同时，要积极引进图书情报专业的毕业生进入图书馆工作，补充新生力量，形成一个较为合理的高、中、低人才结构。这样才能有利于图书馆的长远发展和图书馆人力资源的可持续发展。

建构特色馆藏

服务是方向，藏书是基础。这一点不仅对一般图书馆如此，对高校图书馆尤为重要。任何一个图书馆无论其拥有多么丰富的馆藏资源，都无法满足本馆各类读者的需求，况且目前很多高校图书馆的馆藏资源又不是很丰富，这就需要高校图书馆藏书建设应朝着个性化、特色化发展，建构有特色的馆藏，保持图书馆的藏书活力。特色馆藏是一个图书馆所收藏的具有自己独特风格的文献资料，是区别于其他图书馆藏书的不同特色，是一个图书馆"亮点"。

高校图书馆应在"学科性"、"专业性"和"地方性"上下功夫，馆藏局部优势要绝对突出，不求面面俱到，但求重点鲜明，所谓"人无我有，人有我优，人优我特"。因此，馆藏特色不应一味追求数量，关键在重质量，质量又要表现在特色上。要根据本校专业长远发展需要，选择部分专业文献或具有地方特色的文献为馆藏发展的特点，系统完整收集，并深入开发，建立自己的特色文献数据库。

尤其是要注意收集具有本校特色的文献。高校在建立特色学科和品牌专业过程中形成的学术著作、论文、科研成果、教改方案、所采用的教材与教学参考书、自编的讲义、实习指导书等都是不可多得的文献资料，对这些资料的收集、整理和收藏就可形成独一无二的特色馆藏，对于高校教科研具有重要参考价值。

还要注意对"灰色文献"的收集。所谓"灰色文献"是指一些非公开发表的内部资料，如学术研讨会论文、会议录、科技报告、内部刊物、科研成果等，高校在获取这方面的文献资料方面有着特殊的便利条件。在产学研合作办学的背景下，高校的师生有较多的时间参与企业的研发和生产活动，有更多的机会收集来自课题本身和企业、专业会议的"灰色文献"，这部分文献的收集和利用可促进本校的特色学科和品牌专业的建设，并满足部分社会读者的需求。

12. 建设数字图书馆

数字图书馆的概念

数字图书馆，是进入 90 年代以后产生的一个全新的概念。随着计算机技术的迅猛发展，特别是网络技术、数码存储与传输技术等的全面普及，使得人们对文献信息的加工、存储、查询、利用等方面有了新的要求。因此，数字图书馆也就应运而生。它是一个新生事物，目前，在图书馆界甚至整个学术界还没有一个被广为接受的定义。

从众多的定义表述中认为数字图书馆是：以组织数字化信息及其技术进入图书馆并提供有效服务。几乎图书馆的所有载体的信息均能以数字化的形式获得，包括所有联机采购、编目、公共查询；对各种信息资源的检索，通过网络组织读者访问外界数字图书馆和文献信息数据库系统，如电子杂志、电子图书、声像资料、动画片、影视片、多媒体资料等；用计算机系统管理图书、期刊等的读者服务。

与传统图书馆比较

数字图书馆具有同传统图书馆不同的功能和特征。在馆藏建设，读者服务等方面都有了新的发展。由于数字图书馆以网络和高性能计算机为环境，向读者和用户提供比传统图书馆更为广泛、更为先进、更为方便的服务，从根本上改变了人们获取信息、使用信息的方法，较之传统图书馆具有很大的优势。

传统图书馆的馆藏载体主要是纸质文献，与之相比数字图书馆对藏书建设的影响，首先表现在图书馆"馆藏"的含义已被扩展，不仅包括不同的信息格式，还包括不同的信息类型，因而使得数字图书馆将不再受制于物理空间，它们所能收藏的书刊等资料的数量也将没有空间制约。传统图书馆中常常进行的一些手工操作，如装订、上架、归架及核点书刊等，在数字图书馆时代将会消失。另外，数字图书馆还能有效的解决传统图书馆中破损、遗失、逾期不还等各种问题。

从检索方式上看，用传统的检索方法，读者往往要在众多的卡片前花费不少时间，颇使借阅者感到不便，查全率和查准率都难以提高。而数字图书馆则是依托于数据库界面友好的搜索引擎，使读者能更快、更准确地进行检索，为读者带来极大的方便。

数字图书馆能实现资源共享，使异地信息本地化。数字图书馆的阅读空间不再局限于屋里的阅览室，通过计算机网络可以把大量的网络信息资源传送到用户的家里或办公室内，用户可以同时存取不同地点的数字图书馆信息资源，从而也加强了与读者的沟通。

建立数字图书馆的意义

数字图书馆的建立为实施科教兴国战略和提高全民族素质提供强有力的文化基础支持。数字图书馆工程将会根本改变我国文化信息资源保存、管理、传播、使用的传统方式和手段，克服我国文化信息资源得不到有效利用和共享的弊病，为知识创新和两个文明建设营造一个汲取文化信息的良好环境。特别对信息不畅通和文化比较落后的地方，只要联通数字图书馆的网络系统，都能方便地使用丰富多彩的文化信息资源。

数字图书馆建设应解决的问题

（1）数据的存储问题。

一般来说，磁盘上的信息最多只能保存十几年，因为它要经受温度、磁场、记录存储格式、硬件配置、新旧系统间的互换等多方面的影响，尤其是软件与硬件技术设备迅速更新的影响。

（2）数据的传输问题。

数字图书馆能得到充分使用的一个必备条件是要有足够的带宽，以保证快捷地传输文本、语音、图像、影像资料。多媒体点播系统，全文存储和全文检索对网络的带宽都有较高的要求。

（3）信息的安全与防护问题。

信息安全问题是计算机网络界最为头疼的难题，也是数字图书馆建设中的最大难题之一。对信息安全的威胁来自计算机病毒、黑客对信息资源的攻击、不法分子蓄意摧毁系统的处理能力或破坏系统的通讯装置。

（4）经费投入问题。

数字图书馆的建设需要投入大量的人力、物力、财力以及时间，尤其是设备的更新、数据的存储、传输、纸质文献的数字化，都需要大量的经费投入。如果仅依靠图书馆的力量，"以文养文"是行不通的，因为图书馆具有社会性和公益性，肩负着传播文化知识的使命。另一方面，向用户收取数据使用费还要受到用户经济承受能力的影响和制约。因而，目前数字图书馆的建设经费还主要依靠政府或上级主管部门的投入。

（5）馆员素质问题。

由于数字图书馆与传统图书馆相比有着很多不同，所以数字图书馆员应成为数字化信息专家，要掌握计算机技术、多媒体技术，网络技术，信息的存储、检索、传播技术；要提高外语水平，以便在丰富的英文信息资源中获取有用的信息；还要有扎实的语言文字功底，以便将网上的信息做深层次的加工。从目前图书馆员知识结构的现状可以看出，符合这些要求的高素质人才严重不足，还远远不能满足数字图书馆的要求。馆员的继续教育和知识更新势在必行。

中国数字图书馆工程是跨部门、跨行业和跨世纪的大型高新技术项目，它的启动必将带动相关产业，特别是信息产业和文化产业的发展，并通过知识的有效传播，最终关联到各行各业，从而产生巨大的经济效益和社会效益。

数字图书馆建设对于我们最重要的一点是建立以中文信息为主的各种信息资源，这将迅速扭转互联网上中文信息缺乏的状况，形成中华文化在互联网上的整体优势。并通过 Internet 传送到世界各地，扩大中华文化在全世界的影响，为人类的文明进步和发展做出应有的贡献。

13. 创新教育与图书馆建设

创新教育是世界教育发展的大趋势，也是我国教育发展的必然要求。它作为培养跨世纪人才的教育思想和教育模式，已经被教育界广泛地认同。"创新是一个民族进步的灵魂，是国家发展的不竭动力。"图书馆作为国家创新体系的重要组成部分，是现代知识经济社会的动力源泉，是创新教育的重要阵地。在实施创新教育的过程中，图书馆有着举足轻重的作用。

图书馆在学校创新教育中的作用

（1）图书馆的文献信息是实施创新教育的知识源泉。

著名学者唐五湘在其《创新论》中总结归纳了五种关于"创新"的意义，其中之一是"创新是运用知识或相关信息，创造和引进某种有用的新事物的过程。"从唐先生的论述中，我们可以看出：任何创新都是在已有的知识信息的基础上的发展、创造。这些知识就是前人的思想和研究的结晶，物化之后便是图书或其他文献资料。

图书馆拥有各种学科的各类文献资料，古今中外，无所不包。这些知识信息作为公共信息存在，可以被很多人无限次地使用。读者可以根据兴趣爱好博览群书，各取所需，在反复阅读、分析、判断的基础上消化、巩固、拓宽课堂所学知识，并博采众长，形成自己的真知灼见，在学习和思考的过程中想象力、思维能力及判断能力也相应得到锻炼和提高。也只有涉猎大量的知识并不断更新和拓展知识结构，才能产生创新的思维，培养创新精神，实现教育的创新。

（2）图书馆的良好环境是实施创新教育的自由空间。

创新教育的目的不仅要授学生以"鱼"，更要授之以"渔"。教育不是简单地传授知识和理论，更重要的是要让学生学会学习、学会求知，从而养成终身学习的习惯。这就要求学生要具有一定的自主学习的能力，能收集大量的知识信息并对之进行处理、加工。

图书馆拥有大量的有序的信息资源，它不仅能为读者提供丰富的知识，而且还为读者提供独立学习、独立思考、独立研究、自我教育的良好条件和环境。图书馆安静的学习环境，浓郁的知识氛围，能使读者全神贯注于知识的汲取，能培养学生的学习习惯、学习态度，陶冶学生的气质。

图书馆的读者工作也重视教育和培养读者创造思维的能力，培养读者将获取到的知识进行分解、加工、整合成新知识的能力。图书馆能为读者提供宽松的空间以及民主、自由的学术环境和氛围，鼓励读者在知识的海洋中吸取营养、陶冶情操，在学习的过程中提出新观点、新思想、新理论、新方法，使他们的创造力尽可能地发挥出来。

（3）图书馆是学校创新教育的补充和延伸。

创新教育是一个长期的复杂的系统工程，单一的课堂教学是无法完全实现的，图书馆所起的作用是巨大的，它同样肩负着教育的职责。随着全球经济的发展，知识更新不断加快，计算机、网络迅速走近人们的生活，各种文献信息大量涌入图书馆，馆藏信息资源逐步数字化，因此帮助读者不断提高利用馆藏资源的能力，尤其是利用电子文献资源的能力，学习网络知识以及现代情报检索技能已成为创新教育的迫切需求。

指导读者利用新型文献资源，提高信息消费和知识消费水平，使图书馆成为课堂教学的补充和延伸。在创新教育过程中，图书馆的地位和作用都将取决于图书馆能否向读者提供所需的知识以及所提供的知识的数量和质量。图书馆服务要向文献知识的深加工领域转变，形成多元化、社会化服务格局。丰富而有序的文献资源，图书馆员的帮助辅导，学生个性的充分发展，使图书馆成为因材施教、培养创新思维的"第二课堂"。

（4）图书馆是创新型师资队伍建设的阶梯。

在创新教育过程中，也包括教师自身创新能力培养和继续教育问题。创新教育需要观念新、能力强的教师，高素质的教师队伍是实施创新教育的前提与基础。新时代对教师角色的期望很高，要求教师不断加强学习、转变教育观念，因此，对教师的继续教育势在必行。

当今交叉学科、新兴学科不断涌现，教师在教学、科研过程中要利用图书馆不断学习新观念、新知识、新成果以及了解掌握本学科的最前沿的学术动态，使原有知识不断更新，在此基础上才能启发教育学生的创新思维培养学生的创新能力。一切科学研究、一切知识创新都是从学习、研究现有的文献资料为起点，图书馆浩瀚的文献资源是从事知识创新取之不尽、用之不竭的知识源泉。通过对图书馆文献信息的学习，教师能够改变传统的教育观念，提高职业道德修养，补充学科或科技发展的最新成果、教育科研、学科教学论、学习心理等方面的知识，增强运用现代信息技术的能力，熟练使用各种教学策略和方法，提高自身的心理素质，以充分适应创新教育的要求。

学校图书馆如何在创新教育中发挥作用

（1）加强图书馆工作的创新

①图书馆的管理创新要树立"以人为本"的思想。人是最活跃、最具决定性的因素，未来的图书馆竞争将由馆藏与建筑转向管理与服务，图书馆员在图书馆的文献信息的存贮功能、交汇功能和生产功能中将担任主要角色。因此要充分调动人的积极性，发挥人的能力，并以人的能力作为实施管理的最根本的立足点和依靠力量，以人的能力的提高为出发点，通过知识网络的环境，将人和组织的共同创新和发展作为管理工作的根本目标。

要建立各种制度。"没有规矩，不成方圆"。图书馆的各种法律制度应适应自动化、网络化的新模式，不仅要处理好继承和发展关系，还要协调好图书馆各部门之间、各岗位之间的关系。健全的图书馆管理制度可以使工作人员明确职责范围、工作要求，使图书馆工作走向科学化、规范化、制度化。这样才能调动起各级人员的积极性、创造性，可以促进图书馆改革的深入，又能使图书馆更好地履行职责，提高办馆效益和服务质量，并促进各类型图书馆的协调与合作，建立可持续发展的图书馆管理体系，保证图书馆事业的健康发展。

在管理方式上，要坚持利用现代科技手段实行网络化管理。实现文献管理、服务管理、人事管理及其他事务管理的自动化、规范化，是未来图书馆的发展要求，更是创新教育的要求。

此外，图书馆的管理创新还要求图书馆的管理是动态的、开放的，而不是静态的、封闭的。图书馆的管理本身具有开放性和运动性的特征。如果一味强调静态的管理制度的修订和完善，而忽视管理过程中的动态性，将影响图书馆管理系统现代化的进程。要用全新的管理理念面对瞬息万变的信息社会，也只有管理创新才能创造更加有效的资源创新模式，发挥图书馆的整体功能，为实施创新教育提供必要的软环境。

②图书馆科技创新 "科学技术是第一生产力"。随着科学技术的迅速发展，以数字化和网络化为特征的信息技术已经把人类社会带入知识经济时代，经济的增长已经由知识的增长和技术的进步所决定。图书馆作为知识经济的重要组成因素，其科学技术的含量将直接决定能否适应时代的发展潮流。

图书馆的科技创新表现为现代通信技术、多媒体技术、计算机技术、网络技术等在图书馆的应用及这些新技术的设置上。一方面，图书馆要将最新的科学技术尤其是计算机技术和网络技术，应用到传统的业务工作上，实现业务工作的自动化，提高工作效率。

随着数字化图书馆建设的日趋完善，网络中的所有图书馆均可实现互连，文献资源共享成为现实，加上互联网上的其他讯息，一个网状的巨大图书馆便形成了。读者可以在网络中的任何一个"站台"搭乘网络的"班车"去知识的海洋遨游。图书馆以"一个或几个网址为读者服务"将成为可能。图书馆的科技创新是实施创新教育的硬环境。

③图书馆服务创新美国曾做过一项研究，其结果表明在图书馆的服务所发挥的作用中，图书馆的建筑物占5%，信息资料占20%，而图书馆员占75%，由此可见图书馆工作人员在服务过程中的发挥了重要的作用。新技术的应用已使我们的工作手段发生了根本性的变化，这就要求我们在图书馆的服务中对传统的服务思想、服务方法进行全方位的思考，并有在实践中积极的改进和创新，以促进创新教育的深入。

在服务理念上，要树立"读者第一"的服务思想，一切从读者利益出发，时刻注意方便读者。图书馆管理的主要目的是提高图书馆的服务质量，满足读者对文献信息的需求。其次，在馆藏文献上要改变以往"重收藏轻利用"的观点。传统服务模式中的图书馆似乎总有一些藏书楼的味道，注重馆藏文献的收集、整理、保管，而对充分发挥文献的价值却容易忽视。文献的真正价值是在被利用的过程中产生的，因此我们要想方设法使馆藏文献最大限度地被读者利用，为创新教育的实施服务。在服务方式上：要变被动服务为主动服务，图书馆要面向社会、面向读者、面向未来。要改变传统的守株待兔式等读者上门方式，主动去接触读者，广泛进行社会调查研究，听取读者意见，收取读者的需求信息。

要变封闭式服务为开放式服务，传统意义上的单个图书馆是整个图书馆群的一个节点，各个节点之间联系甚微，图书馆相对比较封闭。现代新技术已经将各个节点之间连接起来，使"图书馆群"变成社会化的、具有现代意义的"图书馆网"。因此，我们要走出固定场所，摆脱传统文献处理方式和单个图书馆的桎梏。建立以本馆为中心，从平面到立体的、辐射型的服务体系，注重本馆的特色建设，然后借助网络互通有无、实现共享并增加网络信息服务和网上图书浏览等新方式。

变大众化服务为个性化服务，由于读者的需求层次各不相同，而且阅读倾向已向专业化、精密化方向发展，不满足于图书馆提供的统一化、大众化的服务，而希望提供完整、有序、广泛、全过程、全方位、立体化的专题信息知识。读者需求的变化使得读者服务要寻求新的发展趋势和管理模式，图书馆服务要根据不同的用户群体，对每个用户群体的不同个体提供有针对性的服务，提倡服务的个性化，利用各种手段，适时提供经过整理、分析、综合的信息和知识，对信息实现准确、快速的反馈和调控，提高读者的满意率。

变浅文献服务为信息服务，社会的飞速发展和知识量的激增，使人们阅读的知识相对变少，人们需要经过加工有序的知识。图书馆的服务工作应从简单的借还扩大到对信息的加工、处理与分析研究，使之有序、精细、浓缩，不仅要提供一次文献，更要搞好二次文献和三次文献的深加工，营造一个优质高效的组织环境和高雅宽松的网络环境。提供多层次信息咨询服务，实现知识增值。

变单一服务为全方位服务，传统的图书馆往往只有借还，美国图书馆协会关于图书馆功能的叙述促使我们要提供多方位的服务，同时这也是现代信息社会读者的一种需求。图书馆将会成为知识经济时代的文献中心、信息中心、咨询中心、研究中心。

（2）加强藏书建设

图书馆藏书是实施创新教育必备的物质基础，藏书的数量和质量在一定程度上直接影响了为创新教育服务的水平。随着创新教育的开展，学校普遍进行课程体系和课程内容的改革。为此，图书馆的藏书结构与模式也要相应发生转变和调整，在学科类型方面，应改变过去那种过分强调和偏重专业教育文献资料的做法，注意收藏基础学科、相关学科、交叉学科和边缘学科的文献，藏书结构由单一性向综合性转变；在文献类型方面，应注意电子文献和视听资料的收藏，逐步增加其在馆藏资源中所占的比例，以满足师生的阅读需求。

（3）开设文献检索课

开设文献检索课是增强学生情报意识，培养学生掌握和利用文献与信息的最直接有效的手段，同时也是创新教育的需要。图书馆应充分重视利用图书馆的教育，把文检课列入选修课或必修课，以提高学生对情报资料的收集能力、选择能力、处理能力、吸收能力和利用能力，完善其知识结构。

随着学校课程体系向横向复合型转变。文献检索课也应改变过去课程内容局限于专业和科技文献检索的做法，相应增加人文社会科学课程、学科类基础课程的检索内容，另外，文献检索课必须相应增加计算机检索内容。使学生熟练掌握机检的方法与技能，这必将极大地提高学生的科研能力。

（4）加强导读工作

图书馆的导读工作是读者服务的一项重要内容，也是实施创新教育的途径之一。当前，图书馆的导读工作应立足于读者的能动性和自主性，以"提高读者的阅读能力，即选择文献、利用文献、理解读物和消化知识的能力"为目的，加大导读工作力度，深化导读工作内涵。可编制导读书目、推荐书目和教学参考书目，开展书评活动，举办导读讲座、约题讲座、读书报告会以及专家导读等，对学生进行阅读指导，使学生学会科学的阅读方法和技巧，提高阅读效率和质量。培养和提高学生自学研究的能力。

总之，图书馆在学校的创新教育中有着得天独厚的优势，我们一定要积极重视和充分发挥这一优势，使图书馆成为实施创新教育的重要阵地。

14. 农村小学图书室建设

随着党和国家对教育的投入的不断加大和教育体制的不断完善，广大农村小学在加强校园校舍、设备和仪器建设的同时，也相应地购买了图书，征订了报刊杂志，建起了图书室。保证学校教育教学及相关文化活动的正常开展，为教师教学和学生课外阅读提供了平台。

对图书室建设的必要性再认识

《中小学图书馆规程》的总则指出："图书馆是学校书刊情报资料中心，是为学校教育、教学和教育研究服务的机构"，从而可以看出，图书室最明显的特征是：服务性和教育性。

图书室以其小型、实用而深入师生生活，成为广大师生身边的"公共图书馆"，是学校教育的有机补充，其教育职能可谓任重而道远。李大钊先生早在 1919 年任北京大学图书馆主任时就明确指出："这是关系到中国教育前途的事情"。

当前，在社会经济大潮下，部分个体图书经销商经营淫秽、荒诞，甚至低质量盗版书籍。误导学生，有损社会主义精神文明建设。学校图书室拥有固定场所和管理人员，有严格的采购规定，应该赢得社会和家长的信任，成为弘扬社会主义文明的重要场所之一。因此，创建学校图书室无疑是文化建设、精神文明建设和未成年人思想道德建设的有效途径。

图书室建设中存在的问题

当前图书室建设，仍存在各方面问题，主要表现在以下几个方面：

（1）小学图书室服务辐射面相对较窄，各校图书室主要以本校师生为借阅群体，其藏书量少，规模小，不能满足需要。

（2）绝大多数学校图书室在创建时依赖各级领导和有关部门一次性赠书，缺少日常购书经费，没有稳定的管理机制。特别是边远山区、少数民族地区，基本设施不足，通过"检查验收"后，就任其自然了。

（3）经费不足是图书室普遍存在的问题。目前投入仅靠临时的拨款或某领导、某单位的少量赠书，难以维持健康发展。

（4）部分图书老化、过时。当前图书有相当一部分是时代的产物，随着时代的变迁不能适应现行社会的发展，甚至有些早已被淘汰，严重影响到教师教育教学的运用和学生对知识的吸取。

解决农村小学图书室建设的建议和措施

（1）学校与周边相关单位联盟建设。联盟发展是当前公共图书馆、高校图书馆的热门话题和实践模式，在当前一个开放的社会化大环境下，联盟建设是一种必然的选择。联盟建设是指学校与办事处或其他完小，根据互惠互利的原则而开展的图书信息和服务的交换。

学校图书室要破除一家一户关门自办自利的小农意识，树立社会大图书室的理念，采取多室协作、互为补充、联合一致建设。联合的目的在于实现资源共享，不论室际互借、文献传递，还是分工收藏乃至人才培养，都有特别重要的意义，对学生而言，它大大地拓展了可利用资源范围，对图书室自身来说，找到了生存之道：同舟共济，以避免各自衰退。

（2）组建班级图书角、图书箱。以班为单位，鼓励学生把自己的书拿出来，在教室的一角放置图书角或图书箱，让学生之间互通有无，扩大学生的阅读面，加强学生之间的交流。

（3）鼓励师生为图书室捐书。

（4）争取各部门或领导为学校图书室赠书。

（5）可以适当采购旧书、打折书。在旧书市场，有相当一部分书不过时，如《雷锋的故事》、《平凡的世界》等优秀著作，其价格便宜，可读性强。此外，一些书店因经营不善或转向经营，店内图书打折出售，学校可借此机会选购部分优秀图书，充实图书室，岂不价廉物美？但禁止采购盗版书籍和劣质书刊。

（6）搜集内部刊物和本地著作。内部刊物大多免费交流，其最大特点，不用出资，具可读性强较实用，如《曲靖教育》、《曲靖社会科学》、《曲靖经济研究》、《珠江源》、《沾益教研》、《沾益教工》、《会泽教育》等。

15. 高校图书馆精品服务

服务是图书馆存在的理由。高校图书馆读者服务中的沟通，是指图书馆员与读者（教师和学生）通过多种方式进行心灵交流，以达到相互了解、增进认识、知己知彼、求同存异、消除误解、化解矛盾的目的，进而实现馆藏、馆员、读者三者良性互动，提高服务质量。在这个过程中，馆员应该始终处于主导地位，主动地与读者进行沟通。

如果缺乏沟通，馆员开展的读者服务工作将是死板、生硬，读者到馆率低，更谈不上服务质量的提高。服务质量是竞争的基础，因此，高校图书馆在读者服务方面挖掘潜力，以高质量服务来弥补其他方面的不足。

沟通是塑造高校图书馆读者精品服务的基石

服务质量是一个主观范畴，同读者感受息息相关。读者是服务对象，图书馆员是服务者。图书馆员必须满足读者的需求和愿望。高质量的精品服务标准，体现在读者的满意程度。读者不仅关心他在接受服务的过程中是否得到所需要的服务，更关心的是在接受服务的过程中的感受，也就是心理上满足程度。《普通高等学校图书馆规程（修订）》第十五条规定"高等学校图书馆应以读者第一、服务育人为宗旨，健全服务体系，做好服务工作。"

读者对利用图书馆的希望程度、读者对服务项目和服务标准的信誉程度、读者对服务人员素质和服务水平的认可程度等决定了一个高校图书馆办馆质量的高低。高校图书馆读者服务工作中的缺陷体现在，表面上提出"读者第一""服务至上"，而实际却往往"以我为主"，在各项业务工作中并没有真正实现"一切为读者着想"。诸如，馆员对文献与信息的采编，依照个人主观爱好、意愿随意操作；在服务态度上冷漠、语言生硬；在服务、规章制度上，把规章制度作为自己的撒手锏，对违规读者大声训斥，违规读者稍有辩解，馆员们认为读者不理解，较多不愿意听取读者的解释。因此，在正确处理馆员与读者的关系时，必须坚持"读者第一"原则，充分尊重，悉心呵护，在读者服务过程中，体现人文关爱，沟通无阻，增强馆员的读者服务意识，进而营造一个愉悦、浓厚、充满人性化的学习氛围。

沟通在高校图书馆员与读者互动中实现

（1）心理沟通。

从社会心理学的角度来看，沟通是个体之间相互作用的基本条件，也是作为整体中的个体存在的基本前提。一般来说，每个正常的个体都有相互沟通的愿望和需求，我们在高校图书馆读者服务中运用这一客观规律，定会收到事半功倍的良好效果。

图书馆员在读者服务过程中居于主导地位，决定了与读者沟通也必须处于主动地位。要做好心理沟通首先就要馆员向读者敞开心扉，善于发现读者的阅读信息，当读者有阅读意愿时，及时向读者发出沟通的信息，拉近与读者的心理距离，建立沟通的渠道，营造一种馆员与读者心理互动的氛围，奠定一个服务所需的良好心理基础，在读者的心目中形成一个较好的印象。有的馆员对沟通不在意，认为这是读者服务以外的事情。

读者来图书馆借阅，我们仅为读者办理一些必要的手续即可，那么多读者，也难以与他们一一沟通，不愿意在这方面花费精力，更不愿意在这方面付诸行动。但它却是解决馆藏文献信息与读者需求这对矛盾的重要条件，没有这个条件，读者在浩如烟海的知识馆藏中无所适中，双方就不能实现良好联系，直接影响图书馆的利用率。尤其注意的是，馆员在读者的心目中所形成的初步印象，对读者服务工作将产生长期的影响。馆员对读者进行了热情、适中的情感沟通，使得读者在心理上得到了满足，阅读激情大增，无形之间也促进了读者服务质量的提高。

反之，馆员缺乏热情，无人性味，读者必将产生抵制情绪，若没有进一步的沟通，这种情绪化很容易演化成冲突。如果读者在某一次阅读中，对某一馆员产生了较坏的印象，那将在很长时间内无法消除这种影响，下一次借阅不知等到何时。无论初次印象是积极的还是消极的，它都将在读者的心目中留下长时间的印象，并对这个读者今后的借阅行为产生长期的影响。

可见，初次印象的积极因素与消极因素在读者服务工作中的影响是显而易见的。众所周知，与读者的心理沟通是通过语言和非语言两种途径进行的，在读者服务工作中一般是以两种途径相互结合、以第一种途径为主完成的，如图书馆的参考咨询。馆员恰如其分地将二者结合起来，对塑造自己的良好形象，给读者一个较佳的初次印象将起到重要的作用，同时实现馆员与读者互惠、双赢。应该指出的是，要做好与读者的心理沟通，馆员要有一个健康的心理与平和的心态，也就是具有良好的意志品质、适中的情感沟通能力、自我控制意识等。

（2）知识沟通。

人们最早给沟通所下的定义是"提供知识"与"告知"。知识是人们沟通的主要内容，高校图书馆为读者服务的过程就是关于这种沟通定义的具体化。馆员以"服务"为主，读者以"需求"为主，馆员和读者的各自属性，是实现知识沟通的自然基础。在知识沟通过程中，馆员的主导作用得以集中地表现，服务与需求相长的关系也得以显现，成为促进知识沟通不断向更高层次发展的内在动力。

知识是馆员树立自信的力量，知识也是吸引读者的源泉。作为一名合格的图书馆员，在与读者进行知识沟通过程中，要达到"百问不厌""百问不倒"的程度，必须具备：

①职业道德素质即坚持"读者第一，服务至上"的服务宗旨；爱岗敬业，无私奉献，急读者之所急，诚心诚意为读者服务；强化参考咨询意识，充分发挥知识沟通过程中的桥梁纽带作用；遵纪守法，注重自身修养，树立良好的自我形象；团结友爱，精诚协作；永恒的进取精神，刻苦钻研，不断拓宽知识面，提高业务能力等。

②知识素质包括图书馆学知识、计算机、网络应用基础知识、心理学知识、外语知识等。

③信息素质要具有敏锐的信息意识，善于捕获信息，比如读者的沟通愿望、读者需求过程中显示的信息等；还应有信息技术的应用能力、获取信息的能力、综合分析及加工能力等。

④语言素质面对读者的需求，除了需要礼貌用语外，更应运用所掌握的专业知识和基础技能，寻求有条理的语言，清晰、正确地解答读者提出的问题。

馆员还要善于运用科学的方法进行知识沟通。科学的方法主要体现在：

①个性化服务针对不同的读者群，开展形式各异的个性化服务。

②注重情感的投入处在一线工作的馆员压力比较大，既要及时为

读者办理借阅手续，又要解答一部分读者的疑问，工作稍有怠慢、言辞不当，就可能与读者产生误解或发生冲突。因此，馆员保持愉悦、适度的情感至关重要。同时馆员通过交谈，引导读者了解使用图书馆的一般方法和有关的服务项目，让读者像熟悉自己的家一样熟悉图书馆，这样就能自如地利用图书馆，消除盲目性，潜在的读者服务危机也就荡然无存了。

③普及礼貌用语运用幽默的语言适当缓解师生之别，尊重读者的权益，提高读者的主体意识，尤其是学生读者，更要在服务过程中充满人情味、体贴入微，使读者在接受服务中有一种归家的感觉。

④合理化建议图书馆员平时也要自查自纠，有则改之，无则加勉；馆内外可以设立一些意见箱，收集意见和建议；举办一些座谈会、研讨会、板报宣传等，听取读者的呼声；高校图书馆工作委员会也应吸引部分学生读者参加，使图书馆各项工作处于他们的监督之下。

⑤缩短空间距离图书馆与读者之间的空间距离是影响读者利用图书馆的一个重要因素。馆舍布局应本着尽量贴近读者的宗旨进行建设。图书馆员要发挥主观能动意识，到读者中去，不但缩短与读者的空间距离，而且通过知识沟通、交流，回答读者提出的不同问题，从而拉近与读者心理上的距离。图书馆员每一次参考咨询活动都应该有闪亮点，给读者留下较深的印象。

（3）品质沟通。

从人的全面发展考察，品质沟通更为重要。对读者来说，品质更有吸引力。高校图书馆不但具有信息服务职能，而且也应履行教育职能。成功的品质沟通，首先，要求图书馆员本身要有良好的思想品质。渊博的知识固然能够对读者产生极大的吸引力，而良好的品质对于读者能够形成巨大的感染力，它将对读者的品质修养和思想进步产生深远的影响。

因此，一个合格的图书馆员不仅要有渊博的知识，还要有高品质的素质，即图书馆精神。一名图书馆员如果没有良好的思想品质，那么他就绝对不可能产生高尚的言行，品质沟通就成"无米之炊"了。

因此，对于一个称职的馆员来说，良好的思想品质要求更为重要。在读者服务过程中，馆员要善于捕捉对读者进行思想品质教育的时机。思想品质教育要围绕着知识沟通来开展，可以配合学校开展一些纪念性事件、典型事例等活动，积极向读者提供这方面的知识，及时进行正面教育，把品质沟通恰当地寓于知识沟通之中。

馆员举止言行、衣着仪表、待人接物等，也不同程度对读者品质起到潜移默化的作用。馆员要利用一切与读者接触的机会，在是非面前鲜明地阐述自己的立场和观点，及时纠正读者借阅中存在的错误倾向，在相互交流和碰撞中取得最终的一致，这是更为重要的品质沟通，能够取得更好的高校图书馆教育功能。

真诚服务，塑造高校图书馆精品服务

为读者服务是馆员开展读者服务工作的根本出发点和终极意义。我们应该摒弃陈旧的服务理念，树立"以人为本"的服务理念，真正把"一切为了读者，服务至上"贯彻到实处，一切服务都从读者的需求出发，一切服务都为了读者，努力培养图书馆员的主动服务，主动沟通的主体意识，在服务中体现科学与人文精神相结合，形成馆藏、馆员和读者的良性互动。构筑心理沟通、知识沟通及品质沟通三位一体的服务模式，目的在于馆员与读者之间建立信用机制，既可以使馆员排除对读者的戒心，读者排除对馆员的敌对情绪；又便于馆员理解读者的需求心理，双方在相互理解和尊重中实现密切合作。

因此，在高校图书馆读者服务中正确运用沟通，馆员可以达到其服务目的，读者接受馆员优质的服务，达到渴求知识、提高自身综合能力的目的，进而促进自身全面发展，馆员与读者就能够创造双赢的效果。

16. 图书馆建设的新趋势

二十一世纪是一个全球网络化的世纪，在全球网络化的新型环境下，数字图书馆成为了现代图书馆发展的主要趋势。

数字化图书馆是世纪末最热门的话题之一。1998 年 7 月，国家图书馆正式提出立项申请，实施"中国数字图书馆工程"，1998 年 10 月，国务院副总理李岚清考察国家图书馆正式指出，"未来图书馆的模式，就是数字图书馆"。可以说图书馆的数字化必将成为一个必然趋势。

这就对学校图书馆的管理、图书馆的信息收集、图书馆的服务提出了新的要求。

学校数字图书馆的核心是图书馆管理自动化、载体数字化、服务网络化。

管理自动化

计算机的普及，多媒体技术的应用使自动化将成为图书馆管理的主要手段。

（1）学校图书馆自动化管理的主要内容。

①图书采购、图书编目、图书典藏、图书流通（包括读者管理）、期刊管理、阅览室管理、公共检索等图书馆业的自动化。

②读者通过公共检索用计算机、实现利用校园网检索图书资料的自动化。

③图书（读者）条码计算机打印，实现加工新书通报、超期催书单、卡片目录、书标、书证等的自动化。

④利用计算机实现藏书分类统计、流通统计等数据统计的自动化。

⑤通过交换机连接校园网，在校园网上提供图书馆信息检索等的自动化服务。

⑥通过网络实现图书馆信息发布的自动化。

（2）学校图书馆自动化管理的参考软件。

目前比较理想的图书馆管理软件有以下两种：

①图书信息集成管理系统图书信息集成管理系统 FLCS 是集图书馆业务、情报信息管理及数据通讯为一体的图书信息管理系统。该系统已广泛应用于大学、中专、中学、医院等各行业图书馆，该系统分为图书采访、图书编目、图书流通、图书典藏、期刊管理、论文管理、公共检索、系统管理、阅览管理九部分，系统各部分既相互独立，又能进行各部分之间的数据调用。

②春晖图书管理系统该系统集编目管理、采验管理、读者管理、流通管理、期刊管理为一体。包括了图书及音像资料目录信息查询、期刊目录信息查询、题录索引信息方便的服务、读者借阅信息查询、网上流通统计、教师参考资料推荐、新书通报、信息发布等内容。同样是系统各部分既相互独立，又能进行各部分之间的数据调用。江苏省常熟中学使用该系统，效果良好。

学校图书馆实现自动化管理，既可极大地提高工作效率，减轻图书馆管理人员的劳动强度，更可让师生更加方便、高效地利用图书馆资源。所以图书馆实现自动化管理是二十世纪学校图书馆管理的必然趋势。

载体数字化

随着科技的进步，图书的载体正在发生变革，主要体现是出现了高科技的新型载体并得到普及，主要有两种：

新型的存贮材料：各种电子出版物；

网络载体：利用网络实现共享的"网络图书"。其中，网络图书以网络形式传输，传播速度快，成本低廉，时效性好，如果解决好版权问题，是将来最有发展潜力的图书载体形式。目前，很多普通图书都以"图书＋光盘"的形式出版，体现了图书的这种数字化趋势。

同时，这些新型载体目前已经十分普及，其价格也已经是非常的便宜，为一般人所能接受。比如一张光盘售价三、四十元或上百元不等，但所存贮的图书却达数百本之多，这比较购买印纸介质图书来说，是又经济又实惠。当然这种新型的图书载体也有重复出版严重等问题。毋庸讳言，学校图书馆作为这一家族的一员，也必然要走上数字化之路。但由于多种因素的制约，在整个图书馆的数字化事业之路上，学校图书馆只能充当配角。但学校图书馆以它独特的服务群体和知识层次和现有的条件，可逐步实现图书馆资源载体数字化。

数字化资源这是数字图书馆的物质基础，正如传统图书馆的图书资料，是图书馆开展一切信息服务工作的泉源。数字化资源建设可以有两条途径：基于原有图书资料的数字化，其基本实现方式是进行扫描，扫描后存储为图形或文字，其中文字要通过OCR识别系统进行识别和校对。

来源于网络的数字化资源，其格式也基本上是文字和图形两种。由于OCR识别系统的错误率较低，要额外花大量人力物力加以校对，目前通常采用图形格式，但图形格式也还没有一个统一的标准，国家图书馆、上海数字图书馆、号称全球最大的中文数字图书馆的超星网上图书馆等，都在研究和使用自己的图形存储标准。

简单地说学校图书馆数字化化载体主要有：本馆现有图书资料和新增的图书光盘资料。从国际互联网上查找、选择并加以下载的网上图书资料。

服务网络化

不管是哪种图书馆，其最终的根本任务是为读者服务。对学校图书馆来说就是为师生服务。管理的自动化、载体的数字化必将要求学校图书馆改变传统的服务方式。其中阅读方式的变化是最为显著的。电子图书馆、虚拟图书馆、数字图书馆等称谓有待统一的新型图书馆已经出现，传统的阅读方式正向数字化的阅读方式转变，电子阅览、网络阅览等新型阅读方式将日益普及，各种看书软件的出现极大地方便了人们阅览不同格式的数字图书。这种新的阅读方式已经不仅仅是视角上的方式，而正向听觉的方向发展，因为各种"听书软件"还把人们从现代的视觉负担中解放出来，实现人们在做其他事情的同时，轻松地享受读书的乐趣，进行文化的熏陶，感受人类的文明与进步。

互联网的普及和校园网的建设成为图书馆服务方式转变的契机，人们可以足不出户，在家通过上网就能获取世界的种种信息，要获取图书也是轻而易举的。互联网上的各种综合的图书馆、书城或专业的书屋、书斋，为人们提供了丰富的图书资料。利用这些图书资料，你完全可能在自己的计算机上建立一个自己拥有的庞大的图书馆。这种网络的普及性和便捷性，使图书馆有大量的信息提供给师生，满足师生的各种信息需求。

图书馆的网络服务体系建设是指基础的网络设备的建设和通信条件的建立，具体地说，包括数字化信息的存储管理体系和信息的传输服务体系两方面。前者指数字信息的获取、加工、管理的自动化，其中包含了功能强大的服务器数据库的建立。后者指图书馆的服务器与局域网、国际互联网的高速连接，并通过它们来提供优质的信息服务。当前，图书馆的自动化和校园网建设已经取得了所有中学的共识，成为近年来中学的投资热点和重大项目，一定程度上为数字图书馆的网络服务体系建设奠定了基础，为信息数字化和服务网络化提供了条件。

图书馆网络建设这是学校图书馆阶段，指所有中学的图书馆联结成一体，成为一个完全共享资源的数字图书馆网络体系。它实行分布式管理，在整个网络上，采用统一的数据标准和通信协议，把所有中

61

学的数字资源形成一个庞大系统，为中等教育提供全面良好的服务。中学数字图书馆网络的建立，有赖于目前独立存在和运行的每一个中学图书馆的数字化建设。没有个别图书馆的数字化，中学数字图书馆网络只是梦想，永远不可能实现。

当前，中学图书馆必须确立自己的发展思路和目标，开始自己的数字化之路，否则，在未来的图书馆家族中将难有生存空间。但由于人才、技术、资源、资金等方面的因素限制，只能参照图家图书馆、高校图书馆和公共图书馆的建设，借鉴它们的成功经验，并在它们的帮助下进行。

第二章

学校图书馆建设的知识

1. 图书馆

图书馆可以说是书的海洋，它里面收藏着上万种古今中外的图书资料，对于一个地方、一个城市、一个国家而言它都是精神财富。不管什么人，也不管是学习、研究社会科学还是自然科学都离不开图书馆。

《资本论》是马克思一生中最主要的著作，书中揭示了资本主义生产的奥秘。为了写这部巨著，需要许多的原始资料和统计数字，因此马克思每天准时到大英博物院图书馆查阅各种图书资料，二十五年如一日，风雨无阻。马克思阅读了 1500 多种书，作的笔记、摘录等达 100 多个笔记本。大英博物院图书馆的丰富资料，为马克思的科学研究提供了大量材料，对马克思主义理论的诞生起了重要的作用。有人意味深长地说，若是没有大英博物院图书馆，马克思就无法写成《资本论》。

著名数学家陈景润，为了摘取"数学皇冠上的明珠"，几乎天天去图书馆，有时甚至忘记下班时间，一步一步地攀登在由书籍筑成的科学阶梯上。

图书馆就像你的一位老朋友，在求知的路上它会与你朝夕相处，它也是所有进行探索，渴求成功的人的有力助手。它是智慧的海洋，给你无尽的收获。

2. 图书分类法

图书馆里的图书内容包罗万象，怎样才能找到自己需要的书籍？图书分类法就是帮助人们在茫茫书海里探求知识的航标，它会指引人们快速解决这个问题，我们利用图书分类法找到所要的书籍。

图书分类法是按照事先制定的分类体系，依据图书的内容和写作体裁，分门别类地把图书组织起来。就像实验室里包括各种各样实验器材，却依类别而摆放的有条不紊。

目前，我国绝大多数图书馆都使用《中国图书馆图书分类法》。这个分类法把全部图书分为五大部二十二个大类。

大类下再进一步细分，就形成了详细的分类表。分类表中的类目大约有 2 万多个。图书馆工作人员就是按照这个分类表，把种类繁多的图书有条不紊地组织起来的。因此，想要查找到自己称心如意的图书，熟悉和掌握图书分类法是非常必要的。

3. 书目

清末，有许多年轻人想考状元、进士。便向当时有名的学者张之洞请教。张之洞就精心编写了《书目答问》，里面列举了 2000 多种古籍，给年轻人指出了读书的方向。

现今虽然不再考状元了，但是图书浩如烟海，人们要想根据自己的兴趣和需要找书读，就得有个入门的向导。书目就是搜求知识的好向导。它不但能回答哪些书需要先读，哪些书可以后读，还能告诉你哪些书应该仔细阅读，哪些书只要一般浏览。

为了帮助少年儿童读到合适且受益的书籍，报纸、期刊上经常登载阅读书目，如"红领巾读书奖章"活动推荐书目，其中有《数学花园漫游记》、《我爱爸爸》、《伊索寓言》、《猪八戒外传》及《体育冠军的童年》等图书。还登载各种中小学生暑假阅读书目、寒假阅读书目及文学阅读书目等。这些书目里收录的图书，都是经过有关专家精心挑选和编排的。按照书目去找书读，这样就可以少走许多弯路。

书目除了指导人们读书学习外，它还能记录一个国家的所有图书；反映某个名人一生的著作；报道某一学科有些什么书；记载图书的收藏情况等。

4. 目录

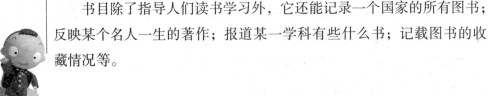

图书馆是人类知识的宝库，如果你掌握它的钥匙的话那么全部知识都是你的。图书馆目录就是一把开启知识宝库的钥匙。

图书馆目录是由一张张卡片组成的，它的规格是 12.5 厘米 $\times 7.5$ 厘米，全世界统一每张卡片上记录的内容在格式上也大体一致。卡片左上端的 J223.2 是图书的分类号，依次是书名、编者（作者）、出版地、出版社、出版时间、开本、定价、内容提要。图书馆各种目录的组成是把许多卡片按照一定的规则编排起来。最常用的目录有三种：

书名目录：是按书名的汉语拼音或者笔画顺序排列的，当你知道所借图书的书名时可以利用这种目录查找。

著者目录：这是按照图书作者姓名的汉语拼音或者笔画顺序排列的，这种目录能把同一个著作者的全部著作集中在一起，如要查找自己所喜爱的作家的小说、故事，或者专家学者的论著，常用著者目录。

分类目录：它是按照图书分类号的顺序排列的，将性质相同的图书集中在一起，它能帮助你在个类号下面发现许多内容相近的儿童故事、中小学数学题解、科学幻想小说等。

5. 工具书

人们常说做"学问"。学问包括两方面意思：一是学，二是问，俗话说"三人行，必有我师"即使是知识渊博的人也离不开问。问工具书是最可靠、最方便的一种方法。

工具书是专门供我们读书学习时查考疑难问题的参考书。它的种类很多，主要有：字典、词典、类书、百科全书、年鉴、手册、书目、索引、年表、历表、地图名录等。

遇到陌生字词要查字典、词典。我国最早的字典是东汉许慎编的《说文解字》。它根据汉字的形体特征，把所收的9353个字按偏旁分成540部。清代张玉书等人编的《康熙字典》是我国古代收率最多的字典，它共收字47035个。现在通用的字典、词典是《新华字典》（收字11100个）、《辞海》（收字14872个、词91706条）、《现代汉语词典》（收字、词56000多条）。

当今收字最多的字典是《汉语大字典》，全书收单字54678个；收词最多的词典是《汉语大词典》，收语词37万多条。

要了解国内外近几年发生的大事，或查找有关统计数字，可以请各种年鉴帮忙。如《中国百科年鉴》、《世界知识年鉴》，分别记载国内外大事；《中国统计年鉴》全面反映国民经济发展情况；另外，还有各种专业年鉴。

查找生活中的日常知识，了解各种事物的起源，可以翻阅类书。类书是我国古代百科全书式的资料汇编。明朝时编的《永乐大典》，是卷帙宏富的大类书，也是世界上最早最大的一部"百科全书"。它共有 11095 册，22877 卷，约 3.7 亿字。这部书大部分已被毁掉，现仅存 4%。现存最大的类书是清朝时编的《古今图书集成》，全书 1 万卷，几乎包括了当时的全部知识学问。1092 年开始编纂的《中华大典》，预计收入古籍 2 万种，分哲学、经济、宗教、政治、军事等 21 典，下分 92 个分典，约 7 亿字。

百科全书是个万事通，它汇总了人类的基本知识，被誉为"没有围墙的大学"。目前世界上最著名、内容最广泛的百科全书是《大英百科全书》。中国出版的《中国大百科全书》，内容包括哲学、社会科学、文化教育、文学艺术、自然科学、工程技术等各个学科和知识门类，计 74 卷，近 8 万个条目，插图 7 万多幅，共 1.2 亿字。

历表、年表是查考历史日期的工具书。我们要查考、换算不同历法的年、月、日，可查《中西回史日历》。要查考中国历史纪年和历史大事，可产《中国历史纪年表》等。

要查找某篇文章发表在什么刊物上，就要靠索引指路，如《全国报刊索引》。地图有助于我们对一般地理知识的学习和查找，如《中华人民共和国地图集》等。

6. 计算机网络

所谓计算机网络，就是用现代通讯技术和计算机，把多个不同地方资料库连接成的系统。一台计算机贮存的图书资料，可以通过网络被其他任何地方的计算机或终端使用。只要在家里或单位中安装一个终端，就可以直接查找自己所需要的资料。随着科学技术的发展，人类的全部知识部将存放到计算机里，从每家的电视机屏幕上能随时读到世界各地的图书和报纸。在每个读者面前，就像耸立着一座图书馆，任何图书都远在天边，近在眼前，举手可得。

7. 世界最早的图书馆

1849 年，英国考古学家在两河流域（两河流域是人类文明最早发源地之一。"两河"是流贯伊拉克的幼发拉底河和底格里斯河）的尼尼微城的废墟上发掘到了许多泥板书。刻在泥板上的文字，每一笔的开始都较粗，末尾都较细，如同楔子形状，所以叫楔形文字。泥板上刻写着叙事诗、祈祷文、商务记录、贞品清单、行政命令、天文资料等。同时还刻着主人的印记，有的标明来源或出处。像这样的泥板朽有 25000 多块，其中 2000 多块现收藏在英国不列颠博物馆。据考证，这是公元前 7 世纪所造的宫廷图书馆的遗物，这说明，世界上最早的图书馆在 2700 多年前就已经有了。

69

8. 世界最大的图书馆

美国国会图书馆是世界上最大的图书馆，它是一座由三幢大楼组成的宏伟建筑。

图书馆中 500 多公里的书架，存放着大约 8000 万件（册）图书资料，其中有许多珍贵的历史资料和名人手稿。如最早发表美国《独立宣言》的《宾夕法尼亚日报》和第一位美国总统华盛顿的就职演说，还有历届总统的竞选声明也有 1488 年意大利第一次出版的《荷马史诗》，以及 16 世纪以前出版的古版书；还有作为义物收藏的著名提琴家的提琴和历史名人的私人信件。

国会图书馆有一项主要任务，就是随时问答国会提出的各式各样的问题。图书馆和国会大厦之间横跨着一条长 355 米的气动运输管道，传递资料非常迅速。图书馆平均每天收到的问题有 2000 个，有的问题几分钟就能回答，有的则需要研究几个月才能答复。图书馆各个部门都用计算机管理，它的现代化水平在整个世界图书馆中是最高的。

国会图书馆实际上也是美国国家图书馆，凡中学年龄以上的人都可以到这里借阅图书资料。全馆 5000 多工作人员，每年接待读者达 200 万以上。

9. 亚洲最大的图书馆

北京图书馆无论在藏书量方面还是在建筑规模上都是亚洲第一。它的前身是 *1909* 年筹建的京师图书馆，*1928* 年改名为国十北平图书馆，馆址在北海西侧。蔡元培和鲁迅曾先后负责过图书馆里的工作。中华人民共和国成立后，改名为北京图书馆。

新建的北京图书馆在紫竹院公园北侧，占地 *7.42* 公顷，建筑面积 *14* 万平方米。书库地上 *19* 层，地下 *3* 层，可以容纳 *2000* 万册图书；有 *30* 多个阅览室，可供 *3000* 位读者同时阅览；每天可接待读者 *8000*

人次，被人们誉为"世界第一流的书城"。

图书馆的东、南两个大厅和主要的楼层中，分别安装着由仪器控制的整体示意图。读者如果走迷了方向，只要按动所在地点的按钮，图中马上会显示你所在的方位及楼层，帮助你在这座知识的宫殿中找到所要去的地方。借书处设有图书期刊自动走台系统，运载车沿着轨道能在水平、垂直、倾斜状态下自找重心行走，选择最短路线把图书资料传递给读者。大部分阅览室实行开架服务，读者可以在书架上各取所需，还可以把有用的资料随时复印下来。

北京图书馆收藏有 *1200* 多万册古今中外的图书文献，其中被国家列为特别收藏的珍贵文献有 *60* 多万册。为了确保它们的安全，图书馆安装了由计算机控制的报警和灭火系统。*3000* 多个火情探测器的探头分布在各个角落，一旦燃烧冒烟，中央控制室的模拟盘上立刻显示出着火部位，自动切断电源，消防水泵马上增压，由人直接灭火。

北京图书馆是知识的殿堂，里面蕴藏着人类文明的精粹，向一切

71

学习和探索的人们提供数不尽的财富。

10. 哈佛大学图书馆

哈佛大学图书馆是美国最悠久的图书馆，也是世界上藏书最多、规模最大的大学图书馆。

1638年，学校校务委员约翰·哈佛病逝，他把一半遗产和私人藏书捐赠给学校。学校就以哈佛命名，哈佛的捐赠成为当时学校图书馆的主要财产和资料。经过300多年的发展，哈佛大学图书馆的藏书达1000多万件，设有100多个分馆。不仅学校的每一个学院都有自己的图书馆，而且还有各类专业图书馆。分馆大部分设在哈佛大学校园内，有的设在美国首都华盛顿市，还有的远在意大利的佛罗伦萨。其中燕京图书馆收藏有中国的珍贵图书；拉蒙特图书馆是世界上第一个供大学本科生专用的图书馆；魏德勒图书馆是哈佛大学藏书最多的社会科学和人文科学的研究图书馆。

哈佛大学图书馆有一个目标，就是要使学校达到"教育的珠穆朗玛峰"，占据世界第一流的位置。它和国内外100多家的计算机数据库建立了联系，热情周到地为师生提供各种资料。

11. 列宁图书馆

列宁图书馆馆址在彼得堡，是世界上著名的图书馆之一。它占有整个街区，高耸入云的书库和宽敞明亮的阅览大厅雄伟壮观。在总长达 500 多公里的书架上存放着 3000 多万册图书。每天几乎有几千种图书资料从世界各地寄来。图书馆里的工作人员，大部分是各有专长的科学家。他们每天接待近万名读者，出借图书 4 万多册。

图书馆的服务设施十分先进，读者只要填好索书卡交给工作人员，工作人员把索书卡送入计算机，这张卡片就以每秒 10 米的速度自动沿着管道被送到那本书的收藏地点。然后通过微型电气平板列车，很快把书送到借书人身边。图书馆里收藏着俄国沙皇彼得一世的手稿和世界上罕见的珍本书，读者想借阅这些稀世之宝，工作人员就用照相复制的方法满足他们的要求，读者也可以到缩微胶卷阅览室里利用阅读机进行阅读。

12．英国不列颠图书馆

这里曾经是马克思写作与研究的地方，还是世界上许多著名的哲学家、文学家、历史学家、物理学家和数学家等读书与探索的场所。

不列颠图书馆是英国的国家图书馆，也是欧洲最大的图书馆之一。它由不列颠博物院图书馆、国立中央图书馆、科学参考图书馆、全英编目公司、国立科学与技术外借图书馆、科学博物院图书馆六个较大的图书馆组成。参考部和外借部是它的主要业务部门。

参考部设在伦敦的文化区，由原来的不列颠博物院图书馆等扩建而成。走进大厅，犹如进入知识的殿堂。最吸引人的是大厅左侧的图书陈列馆，这里有各种珍贵的手稿和世界上最早的印刷本书籍和报刊。其中有莎士比亚、达尔文、狄更斯、哈代、康德、海涅、歌德、席勒、卢梭、雨果、巴尔扎克等世界文豪、著名学者的巨著，有马克思《资本论》的手稿及最早的印刷本，也有装订精细的世界上最早印刷的《圣经》。我国 868 年印刷的《金刚经》及 887 年出版的《进泰院状》也被收藏在这里。图书馆里还收藏着各种手稿 10 多万件，各种铸、刻印章近 2 万件以及数以万计的珍贵图书和英国议会文件等。为了保护这些图书资料，每一个书库都派有警察看守。

外借部设在远离伦敦 300 多公里的西约克区，每年外借书的总数达 300 多万册次。它不但负责为读者提供图书资料，而且还对读者提供翻译服务，解决由于语言不通遇到的困难。这里还设有国际图书馆协会联合会国际互借办公室，专门负责世界各国图书的互借工作。

图书馆里还设有书目服务部。这里的书目资料存放在计算机的数据库里，数量已达 1300 多万条，为全世界 5000 多个单位提供服务。

13. 美国总统图书馆

总统图书馆，美国的一种特殊图书馆。图书馆里专门收藏美国总统在白宫期间的手稿及各种文件资料，吸引成千上万的人前来参观访问。其中有专程来查阅资料的专家教授，但大多数是游客，他们可以亲眼看到来自白宫的各种纪念品。

在美国历史上，已有七位总统修建了图书馆。修建最早的是罗斯福图书馆，它建筑在纽约海德公园里，1946 年对外开放。馆里收藏有 1600 多万件资料及展品，展品中有罗斯福用过的战刀、航海志和舰船 L 的各种仪表。杜鲁门图书馆建筑在密苏里州，馆里保存着 1300 多万件资料，在这里人们可以看到杜鲁门用过的钢琴和各种手杖。艾森豪威尔图书馆坐落在堪萨斯州，馆里不少展品是外国领导人赠送给艾森豪威尔的礼品。胡佛图书馆建筑在远离城市的衣阿华州西部地区，1962 年对外开放。肯尼迪图书馆设在在波士顿港口的入口处，在馆里不仅可以看到他任总统时的生活电影，还能看木偶戏、听音乐会。约翰逊图书馆建在得克萨斯州的奥斯汀，馆里存放有 3600 多万件资料。福特图书馆有两处，一处设在他的母校密执安大学校园里，另一处设在他的故乡格兰德勒比兹。还有卡特图书馆、里根图书馆。

14. 中国现存最古老的藏书楼

中国古代，藏书楼遍布全国各地。只可惜有的被水吞没，有的被火焚毁，有的被虫蛀食，保存下来的很少，其中最古老的是浙江省宁波天一阁。

天一阁是明朝鄞县范钦藏书的地方，建造于嘉靖四十年（1561）。当时藏书 7 万多卷。范钦认为书最怕火，古书上有"天一生水"的说法，水可以灭火，便把藏书楼取名为天一阁。藏书楼是一座两层楼房，上层存放图书，中间挂有"宝书楼"匾额，书橱两面开门，以利通风防尘。楼下中间三间是中厅，两旁悬挂着名人学者题写的楹联。书楼前后的庭院里点缀着亭池假山，环境清幽，四时宜人。清朝收藏《四库全书》的房屋就是仿照天一阁的式样建造的。

天一阁收藏的图书多数是国内外珍贵版本。它们中间有乾隆皇帝赐给的铜版书《古今图书集成》1 万卷，有明朝的地方志等。天一阁是全国重点文物保护单位。宁波一些著名藏书家先后把自己珍藏的图书、绘画、碑帖等捐献给天一阁收藏。直至今日，天一阁收藏图书 30

万卷，其中宋、元、明、清历代的善本书 8 万多卷。1962 年郭沫若访问天一阁时，题联称赞它"好事流芳千古，良书播惠九州"。

15. 北京大学图书馆

我国的最高学府——北京大学的图书馆是全国最早、藏书最多的大学图书馆。

北京大学图书馆创建于 1902 年，当时叫京师大学堂藏书楼，1912 年改名为北京大学图书部。1918 年至 1924 年期间，李大钊曾担任图书部主任，毛泽东曾在图书部工作。到 1931 年才正式改称为北京大学图书馆。

图书馆最早的藏书是清朝政府从全国各省调拨来的，后来又陆续收进了李盛铎等著名藏书家的藏书。收藏的古籍线装书高达 160 多万册，是我国收藏古籍最多的图书馆之一。其中难得一见的珍贵书有 14 万多册，如 1572 年出版的《几何原本》（欧几里得著），1744 年出版的《牛顿选集》。图书馆共有藏书 400 多万册，其中中文图书 260 万册，外文图书 90 万册，报纸期刊合订本 50 万册。图书馆和 50 多个国家或地区的 500 多个文化教育机构建立了图书交换关系。

图书馆设有 31 个阅览室，可供 2000 多人同时阅览。每年外借的图书达 100 多万册次。此外，还设有读者咨询室，负责辅导学生使用目录，帮助师生查找资料和解疑各种问题。图书馆还开展复印、胶印、缩微及电子计算机检索等业务。

16. 视听图书馆

图书馆随着科学技术的进步而变化。现代图书馆里不光收藏白纸黑字的图书资料，还有用图像和声音记录知识、信息的视听资料，比如录像带、录音带、唱片、幻灯片等。专门收藏视听资料的图书馆叫视听图书馆。

在视听图书馆里，不能像看一般图书那样任意翻阅，必须通过放像机、放映机、幻灯机、录音机、唱机等设备才能知道内容。视听资料具有形象生动的特点，可以重现一般图书无法表达的内容。在视听室里，能收看各种影像，收听各种需要的资料和声音，犹如置身于一个新的知识殿堂。读者可以把它作为课堂，系统学习某一门课程，还可以当作课外学习的场所，观察大自然里各种动物、植物的繁殖生长过程，了解大到宇宙小到微生物的运动变化情况。通过闻其声，见其形，从而丰富知识，开拓视野。

17. 用途各异的图书馆

目前，世界各地不但有各类不同读者的图书馆，而且还有不同用途的图书馆。

香港有一个玩具图书馆，专门向儿童尤其是发育不良的儿童提供需要的玩具。馆里有各种各样的玩具，有的供儿童锻炼活动能力、协调能力和社交能力，有的供发展智能，提高自助能力和表达能力。

在法国一家医院的住院部大楼中间，有一座别致的病人图书馆。这个医院里住着400多名儿童病人，为了帮助儿童补习拉下的功课，图书馆里特别聘请了女教师。由于这些孩子文化水平参差不齐，于是她们采取了分时授课的办法，同时引导孩子们读些有趣的书。图书馆门上有自动开关装置，病人坐着手轮椅，进出畅通无阻。阅览大厅里没有柱子，各种图书分门别类放在靠墙的书架上。这种图书馆能使病残儿童相聚在一起，暂时忘却或减轻他们的苦恼给他们带来欢愉。

18世纪德国贵族曾把收集木头书当作时髦。这种书是用木头做成的盒子，盒面是用树皮制作的，上面刻着这种木头的名称。打开盒子，可以看到里面装着的这种树的叶子、果实、树根，还有对这种树木作简短的描述。每个"木头图书馆"里都存放有数百种这样的书。

不少国家都有专为盲人服务的图书馆或盲人服务部。图书馆工作人员不仅能阅读、书写盲文，而且熟悉阅读设备及盲人心理学等知识。

还有专门收集某一方面资料的图书馆，如瑞典的诺贝尔图书馆，日本"味之素"制造公司的饮食图书馆，还有的国家有专门收集各种衣服及有关图书的时装图书馆等。

第三章

中外经典名著阅读推荐

1. 国学经典名著阅读推荐

《论语》

是记录孔子及其弟子言行的书，儒家经典"四书"之一，也是先秦诸子散文之一。今本《论语》为东汉郑玄杂录《古论语》、《齐论语》、《鲁论语》而成，共20篇，约12000字。孔子（公元前551～公元前479），名丘，字仲尼，鲁国陬邑，即今山东曲阜人，是春秋末年著名的思想家、政治家、教育家及儒家学派的创始人。相传孔子问礼于老聃、学乐于苌弘、学琴于师襄，聚徒讲学，弟子3000人，其中成名者72人。

《论语》有孔子谈话、答弟子问及弟子间的谈论，内容反映孔子的哲学理想、政治主张、教育理论和品德修养等。思想上笃信天命，认为"君子有三畏：畏天命，畏大人，畏圣人之言"。而反对鬼神迷信，提出"未能事人，焉能事鬼"；政治上，提倡"克己复礼"，主张恢复周礼的等级尊卑制度，提出"举贤才"、"学而优则仕"等，对封建的宗法血统统治影响极大。教育上，认为人是"学而知之""困而学之"，主张"知之为知之，不知为不知"的学习态度，并提倡"举一反三""故而知新"，而"学"与"思"要充分结合。全书内容丰富，语言形象精炼。

《周礼》

儒家经典"十三经"之一。编者搜集了周王室记邦礼之官69职，凡礼乐、卜祝、文史、星历、车旗之类等。如《夏官司马》记邦治之官七十职，专掌军事与封建，兼及王之车旗、护卫等；《秋官司寇》记邦禁之官 66 职，掌主刑法，论狱、刑禁、兼及盟约、宪令、辟除、外交等；《天官冢宰》记邦治之官 63 职，其职统摄六官，以吏治为专职，兼掌宫中事务；《地官司徒》记邦教之官 78 职，其职以教化为务，其职掌地方组织，凡地方组织、均土分民、征赋等。而《冬官司空》已亡佚，后来汉人补以《考工记》31 篇，称《冬官考工记》记诸工事制作，并详其尺度。此书对研究先秦社会政治，经济、文化宗法，多有可采史料。

《礼记》

49 篇，后订为 12 卷，儒家经典"十三经"之一，相传为戴圣编。戴圣，字次君，河南商丘人，西汉学者。戴德侄，后仓弟子，世称"小戴"，是今文礼"小戴学"的开创者。此书是古代各种有关礼仪文章的合编，多取材于周秦古书。其中《曲礼》《丧服》《祭义》等可以和《仪礼》有关篇目互相印证。如《王制》记爵、赐田、朝聘、学校、养老诸制；《月令》记四时气候与相应措施；《礼记》记大同、小康之说；《大传》记祖宗人亲之大义；《学记》记学校制度和教学方法；《乐记》记音乐原理；《坊记》言先王以制度坊民之事；《表记》记孔子论修养。特别是《中庸》、《大学》等名篇，更被尊为"四书"经典，是研究古代社会，儒家学说和文物制度的重要参考资料。

《孟子》

仅存"内书"七篇。儒家经典四书之一，先秦诸子散文之一。作者孟子（约公元前 372 ~ 公元前 289），名轲，字子舆，邹（今山东邹县东南）人，战国时期著名的思想家、政治家、教育家，儒家学派代表人物之一。本书内容包括孟子的政治学说、哲学理论和个人修养。政治上，其核心思想为"仁政"，强调"省刑薄敛"，长恢复井田制，以实现"老有所养，幼有所教""黎民不饥不寒"的理想社会。并倡"民贵君轻",同时又认为"劳心者治人,劳力者治于人";哲学上,提倡"尽心知性""养我浩然之气"以达到"万物皆备于我"的境界,强调人的主观精神。其文章感情饱满,气势充沛,以比喻和寓言说理,引人入胜,逻辑严密,对后代散文的发展影响深远。

《大学》

儒家经典"四书"之一,相传为曾子所作。曾子(公元前505~公元前436年),名参,字子舆,春秋末鲁国南武城人,孔子学生,以孝著称。从内容来看,全书包括"三纲物"和"八条目",即格物、致知、诚意、正心、修身、齐家、治国、平天下。其中把"修身"看作是"齐家、治国之根本",而强调"仁政",主张以德为本、以财为末。也重视获得民心,谓"得道者多助,失道者寡助"。南宋朱熹撰《四书章句集注》,代表了由孔子、曾子、子思到孟子这一儒家道统,并反映封建统治阶级对其成员的政治教育和道德要求。

《中庸》

儒家经典四书之一,相传为战国时子思所作。子思(公元前483~公元前402),姓孔,名伋,孔子之孙,相传受业于曾子,为战国初期哲学家。此书阐述"中庸"之道,指出"君子中庸,小人反中庸",是最早的君子之道德规范。书中对知行关系,提出"或生而知之,或学而知之,或困而知之"三种情况,认为"及其知之一也";又提出"或安而行之,或利而行之,或勉强而行之"三种情况,认为"及其成功一也。";还提出"博学之,审问之,慎思之,明辨之,笃行之"的学习过程和认识方法。同时宣传"至诚如神"的天人合一思想,为宋代唯心派理学提供了理论依据。

《周易》

古代占筮用书。儒家经典"五经"之一,相传周人所作,故名之。"易"有变易、简易、不易三义。内容包括经、传两部分，其中"经"包含由干、坤、震、离、巽、兑、坎、艮等八卦重叠而成的六十四卦，以及组成六十四卦的三百八十四爻。每卦有卦形、卦名、卦辞，并有六爻，每爻先爻题、后爻辞。卦辞和爻辞多是古人根据生活经验作出的一些抽象概念性说明，用来占卜和指告人的凶吉。"传"包含解释卦辞、爻辞的七种文辞共十篇，称为《十翼》。书中通过八卦形式推测自然和社会的变化，认为万物是由阴阳相互作用而产生，并提出"刚柔相推变在其中矣"等富有朴素辩证的观点。

《孝经》

18 章，儒家经典"十三经"之一。《汉书·艺文志》云："〈孝经〉者孔子为曾子陈孝道也。夫孝天之经、地之义、民之行也。举大者言，故曰孝经。"书中主要论述封建社会的孝道、孝治思想和宗法思想，阐述孝道为道德之本的观点，是研究中国古代儒家思想的必读之书。

《荀子》

33 篇，亦称《孙卿子》。作者荀子（约公元前 313～公元前 238），名况，号卿，汉时避宣帝讳，改姓孙，山西安泽人，战国末思想家，是先秦诸子中最后一位大师，亦为儒家学派的主要代表人物之一。其学术源于儒学，对各派学说都有所继承和评论。推崇孔子，反对思孟学派的主张。政治上，主张礼法兼治，强调尚贤使能，反对世袭官禄。哲学上，认为"气"是构成世界万物的总源。反对鬼神迷信，把"天"解释为自然界，有其自身规律，而提出"天人相分，人定胜天"的观点。认识论上，主张世界可知论，强调"物理可知"，须主观性接触才能构成认识。人性论上，反对孟子"性善论"，认为"人之性恶"，主张通过礼义教化和刑罚的禁止使人向善。名实关系上，主张正名说，反对诡辩学说，强调名实必须相符，此说丰富了古代逻辑学理论。其文气势雄厚，长于论辩。分析透辟，论断精辟，具有很高的文学价值。

《老子》

分上、下篇，81章，共5000字，先秦诸子散文之一，亦称《道德经》《道德真经》《老子五千文》。作者老子，姓李名耳，字伯阳，又称老聃，楚国苦县，即今河南鹿邑人，是春秋末期哲学家，道家学派创始人。该书着重用"道"来说明宇宙万物的演变，谓万物皆由"道"生。同时，"道"无所不在，不断运动。一切矛盾的双方，如善与恶、吉与凶、美与丑、福与祸、刚与柔、荣与辱等等，都相互依存，互为条件，而可相互转变。政治上，追求"小国寡民"的理想社会，主张"无为而治"，即"我无为而民自化，我好静而民自正，我无事而民自富，我无欲而民自朴"，这种思想后来演化成中国封建社会中一项重要的政治主张，对中国的哲学发展起了重要的作用。

《庄子》

现存33篇，道家经典著作，亦称《南化真经》《南华经》，先秦诸子散文之一。作者庄子（约公元前369～公元前286），名周，宋国蒙，即今河南商丘县东北人，战国时哲学家、文学家，道家学派代表人物之一。此书反映作者独特的哲学思想和人生主张。哲学上，继承并发挥老子"道"的学说，尤其强调"道"的自然无为；政治上，主张绝对的无为而治；处世态度上，向往精神上的绝对自由，主张对贵贱、是非、黑白、生死等不作计较，追求放任旷达，逍遥自由的人生境界。认识论上，虽承认一切事物都在运动，但又否定事物的稳定性，而陷入相对主义。其文汪洋恣肆，妙趣横生，想象丰富，又善于融合神话和寓言，充满浪漫主义色彩，在文学史上具有很高的价值。

《墨子》

现存 53 篇，15 卷，先秦诸子散文之一，为墨家学派著作总集。作者墨子（约公元前 468～公元前 376），名翟，相传宋国人，春秋战国之际的思想家、政治家，墨家学派创始人。因不满儒术繁琐的"礼"，所以另立新说，成为儒家的主要反对派。《墨子》一书，内容主要是墨子弟子及再传弟子所记的墨子言行。政治上，主张"尚贤使能"，反对世袭政治及非正义战争，强调"节用""节葬""非乐"。认识论上，认为知识源于客观实际，并提出以历史根据、百姓亲身经验与实际应用效果等作为判断是非的标准。书中还涉及军事、经济、伦理、逻辑、数学、光学、力学、几何学等方面的内容。其文章语言质朴，逻辑严密，论证有力，说服力强，在先秦诸子散文中独树一帜。

《韩非子》

20 卷，55 篇，约十余万字，先秦诸子散文之一。作者韩非（约公元前 280～公元前 233），战国末期思想家，法家学说的集大成者。《韩非子》一书，主要阐述作者的政治主张和哲学思想。政治上，提出以法为中心之法、术、势三者合一的封建君主统治术，主张加强君主集权，提倡奖励耕战，厉行赏罚，以谋富国强兵。其将法治理论系统化，奠定了秦王朝统一中国的理论基础。哲学上，批判并改造老子主"道"的学说，认为"道"是自然界本身及其运动总规律，肯定了"道"的物质性。其文锋芒锐利，说理透辟，分析毫芒，切中要害。

《商君书》

现存二十四篇，五卷，先秦诸子散文之一，法家经典著作。作者商鞅（公元前 390～公元前 338），原姓公孙，名鞅，卫国人，亦称卫鞅，因在秦国实行变法有功，封于商，故名商鞅。商鞅是战国时的政治家、思想家，曾在秦实行两次变法，史称"商鞅变法"。《商君书》主要记述商鞅的政治、经济主张、哲学思想及社会历史观点等。政治上，主张加强中央集权，维护君权，建立君主专制国家。并主张以法治国，其中"壹刑""农战"等政策为其以法治理的重要内容。哲学上，强调在"适于时""恃其势""恃其数"的基础上，充分发挥人的作用。其思想在战国末与秦代影响深远。

《孙子》

今本30篇，共7200字。亦称《吴孙子兵法》《孙武兵法》《孙子兵法》。孙子，名武，字长卿，齐国乐安人，春秋末期兵家。后入吴，而与齐孙子——孙膑相对，故称吴孙子。《孙子》一书包括始计、作战、谋攻、兵势、军形、虚实、军争、九变、行军、地形、九地、火攻、用间等13篇，总结春秋末期以前的作战经验，揭示战争中许多基本规律。孙子反对在战争中采用求神问卜等迷信活动，而提出以"道"为首的制胜条件，认为战争的胜负取决于是否了解敌我双方的情势，由此揭示了"知己知彼、百战不殆"的普遍军事规律，其中"攻其无备，出其不意""以逸待劳，以饱待饥"等思想在军事方面得到体现。该书不但为中国军事理论奠定基础，同时具有极高的哲学思想价值，被誉为"兵经""兵学经典"和"世界古代第一兵书"。

《管子》

24部，今存76篇，相传为春秋时齐国管仲所作，事实上是后人假托之作。本书大致分为《经言》《外言》《内言》《短语》《区言》《杂篇》《管子解》《管子轻重》等八类。内容包含道、名、法等家思想以及天文、历数、舆地、经济和家业等知识。道家思想之属，如《心术》《白心》《内业》《水地》；农家思想之属，如《度地》《地员》等；法家思想之属，如《明法》《任法》《君臣》等；阴阳家思想之属，如《四时》《幼官》等。政治上，主张赢得民心；法制上，认为前提是解决民众的衣食住行；哲学上，继承道家关于"气"的学说；经济上，论述生产、分配、交易、消费和财政方面的问题；农业上，记述水利、土壤等方面的知识。此书杂采各家学说，思想庞杂，事物繁多，而且范围广泛。

《吕氏春秋》

26卷，分12纪、8览、6论，共160篇，为吕不韦门客集体所作。吕氏，即吕不韦，战国末年卫国濮阳，即今河南濮阳人，原为商人，后助秦公子子楚，即庄襄王，出任秦国之相，封文信侯。此书因以月纪为首，故名"春秋"。由于内容庞杂，自汉代起就被列为杂家。其思想以儒家、道家为主，对法家，墨家则有取舍和批判，并吸取阴阳家的思想形式。

例如：反映儒家思想的《大乐》《适音》，反映道家思想的《贵生》《审分》，反映墨家思想的《当染》《高义》，反映农家思想的《振乱》《爱土》及反映阴阳家思想的《月令》。政治上，要求建立一统的君主中央集权制度，以结束长期分裂的局面。此外，还引证许多古史旧闻和有关天文、历数、音律等方面的知识，保存了许多先秦时期的古代史料。本书的读书系统性强，纲举目张，富于独创性，逻辑性强，文沉博艳丽，语生动简练，富于形象。

《淮南子》

现存《内篇》21篇，刘安等撰。刘安（公元前179～公元前122），江苏丰县人，西汉思想家文学家。乃汉高祖刘邦之孙，袭父封为淮南王。此书是作者杂采先秦诸子说而写成，以阴阳五行和道家天道自然之论立说，杂融儒、墨、法、刑、名诸家学说。思想资料虽然庞杂，但经改造，足以反映作者的宇宙观、历史观和政治思想。除上述诸家学说，书中还收引当时的自然科学知识，从而建立自己的思想体系，与汉武帝的独尊儒术相对抗。其中《天文训》《原道训》论述宇宙形成和世界本体，而《记论训》论述社会历史演变，《精神训》阐述精神起源的作用，都具有一定的哲学意义。其文笔宏丽，气魄过人，堪称隽品。

《列子》

原作者相传为战国时人列御寇撰，近代学者疑今本为晋人托名伪作。又名《冲虚真经》或《小冲虚到德真经》。列御寇（约公元前450～公元前375年）又称圄寇、圉寇，郑国人。其学说散见于《庄子》《战国策》《韩非子》《吕氏春秋》中。今本《列子》以"贵虚"思想贯穿，宣扬生异死同、性交逸，反对身交苦、守名累实。而讲求人生享乐，承认天命，主张安命乐天，自我陶醉，其观点与魏晋时期的思想状况和颓废风尚相契合。书中还收入大量的神话传说和寓言故事，如《杞人忧天》《愚公移山》等等，极具文学艺术价值。其文气伟采奇，高劲宏妙。

《贾谊新书》

十卷，政论性著作，又称《新书》，作者贾谊（公元前200～公元前168），时称贾生，西汉政论家、文学家。官至太中大夫，曾多次上疏，批判时政。所着政论有《陈政事疏》《过秦论》。《贾谊新书》分事势、连语、杂事等三部分。"事势"是政论文字；"连语"大体为理和讲学文字；"杂事"是杂记。哲学上，继承老子和荀子，对道多所阐发，并将道具体用于治国。伦理上，运用老子的朴素思辨，提出几十对互相矛盾的实例验证事物之间的对立与转化，而强调改变法令制度，变无为为有为，例如著名的《过秦论》总结秦亡国的教训。其他则针对时弊，提出削藩强边、加强中央集权、重本抑末、注重礼仪等措施。本书是研究当时政论、经济和思想状况的宝贵资料。

《盐铁论》

10卷，共60篇。编者桓宽，字次公，汝南郡，即今河南上蔡县人，西汉学者，官庐江太守丞。此书是根据汉昭帝始元六年（公元前八一年）召开的盐铁会议之文献概括整理"推衍"而成的一部著作。第一篇《本议》到第四十一篇《取下》，是会中正式的辩论记录。第四十二篇《击之》到第五十九篇《大论》是会后有关的议论，最后一篇《杂论》则是桓宽的论述。此书各篇分立标题，内容却互相连贯。本书涉及政治、经济、军事、文化等各个方面，为研究当时的社会和桑弘羊的思想保存了丰富史料。

《论衡》

30卷，共85篇，约二十余万字。作者王充（公元27~97年），字仲任，会稽上虞人，曾师事班彪，好博览而不守章句，为东汉哲学家、无神论者。其"论衡"之"衡"字，乃指天平，故"论衡"者，评定当时言论价值之天平也。此书以事实为依据，批评当时的"众书俗文"。宇宙观上，认为"元气"是天地万物的原始物质基础，提出"天地合气，万物自生"；认识论上，反对"圣人生而知之"说，强调学用一致，博览古今；人性论上，主张性有善有恶。在形神关系上，其批判迷信思想，提出精气必须依赖于形体，形体死亡，知觉就停止。在历史观上，反对崇古非今，提出"汉高于周"的发展进化思想。文学理论上，强调文学须讲求社会实效，应补于教化。此书以宣传无神论思想和具有强烈的反传统意识而闻名。

《抱朴子》

内篇20卷，外篇50卷。作者葛洪（284~364），字稚川，自号抱朴子，丹阳句容人，东晋著名的道教理论家、医学家和炼丹术家。此书内篇言神仙、方药、鬼怪、变化、养生、延年、禳邪、却祸之事，包罗较系统的道教理论和方术，并保存不少化学、天文、医药等方面的科技史料，具有一定的历史价值。外篇则多言人间得失，世事藏否，反映出作者在政治思想方面的主张。其说以道为本，以儒为末，具有"内道外儒"之特色。

《神灭论》

作者范缜（450～510），字子真，河南泌阳县人，学于名儒刘王献，博通经术，尤精三礼，是南朝齐、梁间的思想家。《神灭论》旨在宣传无神论，反对佛教迷信。其内容主要论述形神关系，指出"形存则神存，形谢则神灭"。认为精神是人类形体的属性，死亡是生命的质变，而精神现象依赖于器官，人死后灵魂随之消灭。反对佛教的因果论，打击"因果报应说"的理论基础"灵魂不灭论"。在形神关系上，更超越以往之唯物论哲学家，是古代无神论的杰作。

《颜氏家训》

7卷，共20篇。作者颜之推（531～590），山东人，北齐文学家。《颜氏家训》主要论述治家之法、处世之道，是辩正世俗之谬以训诫家族子孙的杂集编。其思想以儒家为主，兼及佛道。该书对南北风俗、士人好尚、佛语趣谈、鲜卑语传播俗文字的盛兴、治学作文方法、音韵字训等颇有论述，是研究中国古代思想史、风俗史和诸文化史的有用史料，其文一反齐梁文坛轻靡艳丽之风而质朴典正，开唐代散文的改革之先河。

《二程全书》

65卷。二程即北宋哲学家、教育家程颢和程颐。程颢（1032～1085）字伯淳，私谥明道先生，河南洛阳人。程颐（1033～1107）字正叔，因居临伊川，世称伊川先生。两人均反对王安石变法，以周敦颐为师，为张载表侄，同为理学创始人。《二程全书》乃二程著作的合集。其思想表现在：提出以理作为世界万物的本体及哲学的最高范畴，理既是自然界最高原则，也是社会最高原则。他们认为理在气先，理是第一性的，气可以消灭。提倡格物致知，明心之理，反对闻见之知，轻视感性知识，注重内心道德修养。主张性善，而性即是理。并提出天理与人欲对立，生性与气禀对立。

《近思录》

十回卷，朱熹、吕祖廉合编。该书将北宋理学家周敦颐、程颢、程颐和张载的言论加以摘录，分道体，格学、致知、存养等十四门。是一部概括反映宋代程朱学派理学思想的重要著作。

《龙川文集》

30卷，另卷首一卷，补遗一卷，附《朱文公经济文衡》等二卷。作者陈亮（1143~1194），字同甫，人称龙川先生，浙江人，南宋思想家、文学家。此书分为书疏、中兴论、问答，酌古论等部分，其成就首先表现在思想方面。作者在思想和政治见解上皆与朱熹相左，否认有所谓离开事物而存在的道，认为物质是本源的；赞成变法，提倡注重事业功利以补国计民生的"事功之学"，但反对不利于富民商贾的措施。其政论气势纵横，笔锋犀利，感情激越，雄强豪放，表现了作者伟大的政治抱负。

《水心文集》

共29卷。又名《水心先生文集》。作者叶适（1150~1223），字正则，温州永嘉人，晚年讲学于永嘉城外水心村，故自号水心居士，为南宋思想家，永嘉学派的代表。此书全面地反映作者的哲学思想政治主张和文学造诣。哲学上，认为构成自然界主要物质形态的是五行和八卦等物质，世界万物都是由矛盾的两方面所构成，即所谓的"一物为两"，要辨别认识的真假，应以客观对象为依据。又提倡功利，反对程朱理学空谈心性；政治上，则锐志改革，主张奋进；文学上，主张"独出肺腑，不规仿为作"。其政论多以经史为内容，分析缜密，论述连贯，详于辩理。

《传习录》

分上中下三卷，作者王守仁（1471～1528），字伯安，别称姚江，因曾筑室阳明洞中，世称阳明先生，浙江余姚人，明代哲学家和教育家。王守仁是陆王学派的集大成者，《传习录》一书主要是王守仁平时讲学和解答弟子的语录，以及一些论学书信等。书中重点阐述了"心外无物""心外无理"的心学主张，并提出著名的"致良知"和"知行合一"。全书包括王守仁哲学思想的主要部分，是研究王氏心学的基本材料。

《阳明全书》

38卷，亦称《王文成公全书》《王阳明集》。4至31卷为《文录》《别录》《处集》《续编》，包括奏疏、公文、序记、信札、杂着等各项，由其门人钱德洪辑。33至38卷为《附录》，包括《年谱》和《世德记》，由其门人钱德洪、王畿辑。此书不重著书论经，所收多为哲学和论学之源。哲学思想主要表现在《传习录》及《大学问》中，其继承并发展陆九渊的思想，提出"心即理""无心外之事、心外之理"，主张"除了人情事变则无事矣。"。另一方面，则以"致良知"来取代"天理"，客观地强调人在道德实中的作用，提高了人的价值和地位。并强调"知行合一"，主张知行的实践主义。

《胡子衡齐》

八卷，作者胡直（1517～1585），字正甫，号庐山，江西人，明代学者。此书是胡氏与其门人讲学之语的汇编。所谓"衡齐"，即凡谈理者，当皆以此书为准之意。书中所言，意在疏通王学，但与之差别。如王学认为"人心之理即天地万物之理"，胡氏则认为"理在心，不在天地万物"，指出天地万物无理。此书纵横恢诡，颇有特色。

《日知录》

笔记名。作者顾炎武（1613～1682），原名绛，字忠清，明亡后改名炎武，字宁人，学者尊称亭林先生，江苏昆山人，明清之际思想家、学者。《日知录》，是作者积30年读书心得以随笔形式记之，分条目整理而成。大体按经义、政事、财赋、世风、礼治、科举、史地、兵事、艺文等分类列目。书中以"明道""救世"为宗旨，如强调气节、文章须有益于天下等，都能切中时弊，而开清代朴学风气。全书每论一事，总贯穿经史，参验亲身见闻，穷究根底，考证得失，为后世学者推重。

《思问录》

二卷，作者王夫之（1619～1692），字而农，号姜斋，晚年隐居衡阳石船山下，人称船山先生，湖南衡阳人，明清之际思想家。《思问录》第一卷以探讨哲学问题为主，指出外界事物不受人们主观认识的影响。其中对"动""静"原理有所发挥，提出"动"与"静"的相对性，批判无动而静的说法。第二卷则涉及许多科学问题，包括阴阳、五行、历数、医法等，肯定自然和人类社会都是进化的，并对宋明理学和佛教作了批判。

《读四书大全说》

十卷，作者王夫之。此书以读书札记形式，按照"四书"原来的篇章次序，借用其中某些命题来阐述自己的哲学思想以批判宋明理学。如强调"人欲之各得，即天理之大同""言心言性，言大言理，俱必在气上说"，反对程朱的"理能生气的观点"，而提出"理当然而然，则成乎势矣"的历史进化观点。其否定理学家宣扬三代以前是"天理流行"之"盛世"的复古历史观，但某些观点仍摆脱不了理学的影响。

《回存编》

11卷，作者颜元（1635～1704）字习斋，河北人，为李贽学派的创始者，清初思想家、教育蒙，是明清之际学者中抨击理学、心学最猛烈的一位。此书以浅近的文字揭露佛教、道教和众道门的危害，劝人不要迷信。全书分《存性编》《存学编》《存治编》《存人编》四编。

《孟子字义疏证》

三卷。作者戴震（1724～1777），字慎修，又字东原，安徽休宁人，清代思想家、学者，对天文、地理、算学、声韵、训诂均有精深研究，是皖派汉学的代表人物。此书根据训诂阐发《孟子》书中的重要概念，如"理""天道""性""才""道""仁义礼智""诚""权"等，并全面论述作者对于中国古代思想史上之"理"和"欲""人性""道"和"气"等基本问题的看法，而抨击理学"存天理，灭人欲"的观念，指出"绝人欲"就是"绝天理"，其表现出初步的民主主义思想。

《曾文正公全集》

167卷。作者曾国藩（1811～1872）原名子城，字涤生，号伯涵，湖南湘乡人，清朝政治家，官至两江总督，直隶总督。全集内容丰富，思想深邃。包括奏稿、书札、批牍、十八家诗技、经史百家技、经史百家简编、诗集、文集、求阙斋日记类抄、孟子要略、家书、早谱等，其中奏稿与家书等数十卷反映当时的社会生活情况，如编练湘军、与太平军作战、掘洪秀全尸等，充分呈现清末官场的腐朽没落。政治上，强调重农重战的方针，提出发展耕织、奖励军功，认为老百姓"归心于农"是"治国之要"。其文骈散结合，义理气势并重，并讲求考据、义理、词章，认为三者缺一不可。全书风格汪洋恣肆，情真意切，论说文则简洁透辟。

《仁学》

二卷。作者谭嗣同（1865～1898），字复生，号壮飞，湖南浏阳人，近代启蒙思想家。谭嗣同是维新运动激进派，后参与"戊戌变法"而遇害。此书书首有《界说》27条，为全书纲领。上卷提出"以及说"，认为世界物都是由物质的"以太"构成，"以太"本身不生不灭，此说肯定物质存在的永恒性，指出宇宙间的各种事物只有"变易""聚散"，没有"存亡""生灭"。并强调"以太"的不断运动，反对"天不变道亦不变"的观点。下卷则通过"变易"论证其改革社会制度的政治思想，猛烈抨击封建君主专制统治和封建纲常伦理。

《大同书》

十部。作者康有为，原名祖治，字广厦，号长素，又号更生，广东南海人，近代改良派领袖。曾七次上书，要求变法，后来组织强学会、圣学会、保国会，并办报鼓吹变法理论。1897年，康有为拥光绪帝发动戊戌变法，遭慈禧太后镇压。《大同书》根据《礼记·礼运》大同之说附合《公羊》三世之说而撰，将人类社会发展分为人乱世、开平世、太平世，提出实现太平世须去国界、种界、级界、形界、类界，苗界等，人类才能得到自由、平等、和平、民主。书中还抨击封建伦理纲常，揭露社会中贫困、落后、野蛮和愚昧等现象。

《明儒学案》

62卷，作者黄宗羲，见"明夷待访录"条介绍。此书采集明代学者文集语录，叙述明代学者二百余人。共立学案十九，分三个时期、四个部分来分析各派。初期以吴与弼、薛瑄、陈献章为主；中期以王守仁为主；末期以顾宪成、刘宗周为主。其中尤推崇姚江学派的大师王守仁，并以他为明代学术之"大宗"。而其资料篇幅上，则更详细记述作者的老师刘宗周《蕺山学案》。此外，在中期与末期之间，另立《诸儒学案》，以收各学派以外的不著名学者。在学派之前，各有小序和各学者的小传，然后是学者著作或语录选辑。本书是研究或了解明代学术思想史必读书籍。

《宋元学案》

100卷，作者黄宗羲等。《宋元学案》是沿用《明儒学案》书例之作，将宋元两代学术思想按不同派别加以系统总结，共立学案91个，其中《象山学案》最为精善。此书在编纂体例上比《明儒学案》为佳，如：不定一尊，对各家各派不持偏见；一视同仁，每一学案前先立一表，述其师友弟子以及学派渊源及传授，并均立小传。另有附录，载其遗闻轶事，特别是当时和后人的评论，以供读者自行判断。

《朱子年谱》

四卷，作者王懋竑（1668～1741），字予中，号白田，江苏宝应人，清代学者。此书是作者历时二十余年、改稿四次而成。王懋竑精于考订，因有感朱熹作年谱者虽多，但多略而失当，所以参照李默等诸本，并据朱子之集、语类和著述纂辑等书，细心考订，融会贯通，才成此新谱。此书详于学问而略于政事，对朱熹著述一一叙其年月，是研究朱熹学术思想的重要参考书。

《汉学师承记》

八卷。作者江藩（1761～1831）字子屏，号郑堂，江苏扬州人，清代学者。此书用纪传体例记述清嘉庆前以考据著名之汉学学者的生平、学说、著述，师承等情况。其特点是重吴派轻皖派，所以吴派前，皖派后。全书取材丰富，资料详实，在一些传文中，还载录了自己的见闻和评论，具有重要的史料参考价值。

《经学历史》

十卷，作者皮锡瑞（1850～1908），字鹿门，一字麓云。湖南善化人，清代经学家。因题所居曰"师伏堂"，世称"师伏先生"。此书是作者晚年讲学的经学课本，也是一本著名的经学入门书。全书共分十个部分，将经学的发展史分开辟、流传、昌明、极盛、中衰、分立、统一、变古、积衰、复盛等十个时代，分别加以分析介绍，可供初学者了解两千年经学的演变情况。

《尚书引义》

作者王夫之，字而农，号姜斋，晚号船山，后人尊称船山先生，明末清著名思想家。作者历经艰苦努力，于康熙元年撰成《尚书引义》这部评史论证的光辉著作。他通过引申和发挥《尚书》的观点，抨击明代政治，批判程朱理学，而用朴素的唯物观阐明知和行的关系。同时对人性也有独到的见解，认为人性是后天养成的，是可以改变的。

《国故论衡》

作者章炳麟，字枚叔，号太炎，浙江余杭人，是清代最后一位杰出的语言学家，参加康有为等人倡导的维新变法。《国故论衡》是章炳麟的重要哲学著作，他将"真知"当作世界的本源，亦即原子是世界的本源。由提倡进化论到后来否定进化论，思想驳杂，传统的儒学思想和近代的民主思想在这部书中均被反映出来。同时，该书也体现出浓厚的民族主义。

《尚书》

儒家经典"五经"之一，中国现存最古的一部历史文献。相传由孔子编选而成。"尚者，上也，言此上代以来之书，故曰《尚书》"。内容上，《尚书》经过较长时期的汇集流传，到春秋战国才定型；记事上，起自尧舜时期，下迄春秋秦穆公。全书按时代分《虞书》、《夏书》、《商书》《周书》，现在通行的《十三经注疏》本《尚书》，是《今文尚书》与《古文尚书》的合编。其文体有典、谟、训、诰、誓、命六种，其中大部分均为当时的原始记录，因此是研究中国原始社会末期和夏商周社会历史的珍贵资料。其中,《尧典》记载了尧舜、禹的"禅让"故事;《禹贡》是中国最早的历史地理文献;《盘庚》记述商朝迁都情况。而《尚书》也具有极高的文学水准,成为以后历史散文发展的源头。

《仪礼》

儒家经典"五经"之一,共17篇。相传为周公制作,又传为孔子订定。此书是春秋战国时期礼制的汇编。主要记载冠礼、婚礼、丧礼、朝礼、祭祀等传统礼仪的内容和程序,如:《士婚礼》中的记载纳采、成婚、拜见宗族的过程,举凡纳采时,主人如何站立,迎送以及礼品的规格等礼仪,这些实际上都是从古代氏族社会用以团聚、组织、维系社会秩序的规范和宗法仪式等基础上发展而来的,后又成为整个封建社会中礼仪的渊源,故被视为"礼"的根本。

《左传》

古代编年体史书,散文作品集。儒家经典"十三经"之一。共60卷,18万字。旧传为春秋末鲁太史左丘明所作,清代经今文学家认为应是西汉刘歆改编,而近代大多认为是战国初年时人根据各国史科编辑而成。全书以"春秋"为纲,按鲁君隐、桓、庄、闵、僖、文、宣、成、襄、昭、定、哀、悼等13个国君依次记事,追述上溯周宣王而不及周贞定王。

全书多用事实解释《春秋》。取材广泛,博采当时诸国史籍简册旧文、故志、训、典、语、令及口头历史传说,不但反映了春秋各国政治、经济、军事、外交、文化及各类代表人物的活动,而且还保存夏、商、周等时期的历史资料。此书文字简洁优美,谨严而分明,委曲而尽致,以简括语句写纷繁的事物,令读者有身临其境之感。并善用极少笔墨刻画人物的细致动作和内心活动,不愧是中国古代史学和文学名著。

《公羊传》

《春秋》"三传"之一。儒家经典"十三经"之一，相传为战国时期公羊高所著。公羊高，战国时齐人。公羊善于阴阳五行之学，主张"尊王攘夷"、"大一统"，颂扬汤武革命是以有道伐无道。书中着重从义理上阐释《春秋》"大义"，反映出秦汉时儒家的社会理论，具有鲜明的"天人合一"色彩，是今文经学的重要经籍，对研究秦汉思想史、政治史等具有重要的史科价值。

《榖梁传》

"三传"之一，儒家经典"十三经"之一，西汉时才编成此书。相传为榖梁赤所著。榖梁赤，字无始，战国时鲁人，相传为子夏的弟子。此书所记起于鲁隐公元年，终于鲁哀公十四年。和《公羊传》体裁相近，都从义理来解释《春秋》。其学虽与公羊同师，但其传义之精，多有公羊所不能及者，而叙事审慎质朴，是研究秦汉间和汉初儒家思想的重要资料。

《国语》

*21 卷，共 21 篇。*亦称《春秋外传》，是中国最早的国别体史书。内容包括：《国语》《鲁语》，计 196 条目，70000 字。大约成书于战国时期，所记时间起自周穆王，下至鲁悼公，约公元前 967 年至公元前 453 年。其记事比《左传》早 246 年，而两书内容相异者有 94 条。此书以着重记述人物言论为特征，对当代政治、外交、军事亦有所述。就史料价值而言，以周语、楚语较高，晋语、郑语、鲁语次之。

因与《左传》记事相参证，并多补其不足，故后人将《左传》称为《春秋内传》，将《国语》称为《春秋外传》。此书在历史编纂学上，首创分国记事之体例，对后世影响很大。

《战国策》

*33 卷，*是我国战国时期的一部史料汇编，也是一部著名的历史

散文总集。传为战国时期各国史官或策士辑录。全书按国别编辑，分：东周、西周、秦、齐、楚、赵、魏、韩、燕、宋、卫、中山等12国策，共486章。其因"战国时游士辅听用之国，谋之策谋"而得名，所记在《春秋》之后，即从公元前453年前，韩、赵、魏三家灭晋开始，到公元前209年秦二世继位为止，主要载录当时号称纵横家的谋臣及策士游说各国或相互辩论之言论。所有的传记、论辩、书信，都与各国时事有关，而以策士的阴谋权为中心，对当时各国的政治、军事、外交，特别是士人阶层的活动，有细致的记述和描绘，是研究战国历史的重要材料，具有很高的史学价值。此书文字华丽流畅，描写生动精彩，故事情节完整曲折，人物刻画细腻深刻，所以在文学上也具有很高的价值。

《竹书纪年》

12篇，原称《纪年》，后因其原本写于竹简而正式更名为《竹书纪年》，是一部著名的古史编年大事记，记载夏、商、西周、春秋晋国和战国时魏国史事，迄于公元前299年。其记载与《史记》等传统史书多有不同，因而具有很高的参考价值，可更正《史记》的很多错误。而此书的发现还为整理战国时期的古文字创造了条件。

《史记》

原名《太史公书》，是"二十四史"的第一部。共130篇，分12本纪、10十表、8书、30世家、70列传。作者司马迁（公元前145～公元前86年），字子长，陕西韩城南人，西汉史学家、文学家和思想家。因替李陵辩解，获罪下狱，遭受腐刑，出狱后发愤而作《史记》。此书汇整先秦以来史书、国家档案，并实地考资料，记述自黄帝到汉武帝期间约三千年历史，内容包括政治、经济、文化等，及帝王将相、儒林游侠和其他重要人物的事迹。

首创纪传体例，以"本纪"为全书总纲，依年编次历代帝王大事。又以"列传"记帝王诸侯以外人物。其他如用"表"来列示人物事件脉络，或以"书"专记典制沿革等，都是首创，其体例为历代"正史"所沿用。后世史家以其"善序事理，辨而不华，质而不理，其文直，其事核，不虚美，不隐恶"的治史态度，而奉之为典范。书中传记语言生动，形象鲜明，是优秀史传文学的代表，对后世史学与文学都有深远的影响。

《汉书》

共 100 篇，分 120 卷，"二十四史"之一。作者班固（公元 32 年～公元 92 年），字孟坚，陕西咸阳人，东汉史学家，文学家。"汉书"是奉诏继其父班彪之业而作，记载公元前 206 年至公元前 23 年，计 230 年史事。此书在体例上，改《史记》中的《书》为《志》，废《世家》入《列传》，由 12 帝纪、8 表、10 志、70 列传等四个部分组成。而首创《古今人物表》，以儒家思想为标准，将历代人物分为九等，均表列出来。书中 70 列传为全书的主要部分，除记载匈奴、西域等地的历史，还旁及当时社会各阶层人物的活动，以及有关的学术、政论文章，保存了不少珍贵的历史资料。全书内容叙事详尽，语言简练，结构严谨，形象鲜明生动，对后世散文发展产生积极的推动作用，是我国第一部纪传体断代史。

《后汉书》

120 卷，"二十四史"之一。主要作者范晔（398～445），字蔚宗，顺阳人，南朝宋时史学家。此书记载光武帝建武元年至献帝建安二十五年，共 196 年的历史。范晔《后代书》问世以前，已有十八家后汉书，晔以《东观汉记》为基础，博采各家之长，删繁补略，自订体例以类叙法编次，多录奏疏文章。皇后入本纪，而新立《党锢传》《宦者传》《文宛传》《独行传》《文术传》《逸民传》《列女传》等类传。《后汉书》不仅是一部史书，也是一部杰出的历史散文。书中语言流畅，叙事简明详尽，结构严谨。

《三国志》

65 卷，纪传体三国史。内容包括《魏志》30 卷、《蜀志》15卷、《吴志》20 卷。作者陈寿（233~297），字承祚，四川南充市人，西晋史学家。《三国志》以魏为正统，列本纪称帝，蜀吴为传称主。此书魏、吴志参考鱼豢《魏略》、王沈《魏书》、韦曜《吴书》等书编纂而成。蜀志则多靠作者实地采访搜集而得。成书依次为蜀、魏、吴，其记事以简明为特色，因剪辑得当，所以保存不少宝贵资料。如《华陀传》，保存了古代医学资料。《张鲁传》《刘传》，有我国道教史资料。而鲜卑、乌桓，高句丽等民族史料，尤为珍贵。三志原本独立，后世合为一书。

《晋书》

130 卷。"二十四史"之一，纪传体晋代史。作者房玄龄（578~648），字乔松，齐州临淄人，与褚遂良受诏重作《晋书》。《晋书》体例完备，叙事详尽，志书精湛，列传充实。但因主编多文学之士，故此书词藻绮丽，多记异闻，对史料的鉴别取舍，不甚注意，故流于"竞为绮艳，不求笃实"。但《晋书》是诸家晋史中的唯一现存者，因此对研究者来说仍是十分重要的参考资料。

《宋书》

100 卷，"二十四史"之一，纪传体刘宋史，作者沈约（441~513），字休文，浙江德清西人，南朝梁历史学家和文学家。《宋书》记事始于刘裕创业，终至萧道成代宋建齐，书中选录诏令章奏等文件甚多。此书的志，上溯三代秦汉，尤详于魏晋，可补《三国志》的不足，对研究东晋南朝的政治制度、历史地理、经济文化等很有帮助。而列传反映社会经济、赋税和土地占有情况，是研究刘宋历朝的重要史书。

《南齐书》

60 卷。"二十四史"之一，纪传体南齐史。作者萧子显（489 ~ 537），字景阳，江苏常州人，齐高帝萧道成之孙，南朝梁史学家。《南齐书》，原名《齐书》，宋以后为与李百药的《北齐书》有所区别，遂改称《南齐书》。其书有志无表，且《食货》《刑法》《艺文》均缺，但它是现存记载南朝历史的最完整的一部著作，保留了诸多原始资料，能反映南朝之文学、思想、科学等方面的情况，故仍是研究南齐历史的主要依据。

《梁书》

56 卷，"二十四史"之一，纪传体南朝梁史。作者姚思廉（557 ~ 637），本名简，为唐初史学家。

《梁书》起自梁武帝天监元年，至敬帝帝太平二年，记载梁朝 56 年间史事。本书是依据其父姚察的旧稿而成，而姚察历经梁、陈两代，时人记事，史料价值极高。故《梁书》是现存梁史的较原始的记载。在行文方面，舍当时盛行的骈文，而仿效司马迁、班固用简练的散文记事。就史料来说，范缜、阮孝绪、陶弘景等传，保存了当时的思想、目录、医药等方面的材料。

《陈书》

36 卷，"二十四史"之一，纪传体南朝陈史。《陈书》记载自陈武帝永定元年至后主祯明三年，共 30 年的陈朝史事，作者姚思廉。此书资料来源为其父姚察的遗稿。因是时人所写，故史料价值较高；又因为当时显宦，故此书偏重帝王将相的才华谋略，推崇士族，标榜门第，对一些事实不能秉笔直书，但由于有关记载陈代的大部分历史著作皆已失传，故《陈书》仍有很高的参考价值。

《魏书》

130 卷，"二十四史"之一，纪传体北魏史。作者魏收（506 ~

572），字伯起，小字佛助，河北平乡人。《魏书》叙述从道武帝拓跋部建魏开始，到东魏孝静帝元善见灭亡，共165年的历史。魏收集当时人，写当时事，身为当代人，故内容颇为详悉，但由于史德欠佳，其评论人物、叙述史事，往往颠倒是非，时人称他为"秽史"。本书志有创新，而列传包罗广泛，材料丰富，故仍不失为研究北魏历史的重要书籍。

《北齐书》

50卷，"二十四史"之一，纪传体北齐史。作者李百药（565～648），字重规，河北人，唐初史学家。本书虽称记事起自496年，止于579年，共80年，但实际上始于550年高洋称帝，终于577年北周灭北齐，共28年。此书首尾完整，列传范围广泛，材料丰富；且文笔生动，保留了当时的口语。是研究东魏、北齐历史一部重要书籍。

《周书》

50卷，"二十四史"之一，纪传体北周史。作者令狐德棻（583～666），唐初史学家。《周书》记载自505年至2581年间，约七十余年之西魏、北周两朝的历史。从内容上来看，由于唐初修周史，时间隔得近，已成的著作不多，故资料缺乏，所记史实欠缺全面性；从文字表达来看，文笔简练，内容不贫乏。而所保存西魏、北周这一段历史的记载较原始。

《南史》

80卷。"二十四史"之一，纪传体南朝宋、齐、梁、陈四代历史。其中《帝纪》10卷、《列传》70卷。此书成于643年至659年。作者李延寿，字遐龄，河南安阳人。书中记述南朝宋、齐、梁、陈四个朝代共170年历史，作者突出门阀士族的地位，将《列传》中不同朝代的一姓一族人物集为一编，如数家珍，犹如世家门族的谱牒。本书删繁就简，文字简洁易读，并增入四书之外的材料，故仍具有很重要的史料价值。

《北史》

100 卷，"二十四史"之一，纪传体北朝史。作者李延寿，见《南史》介绍，《北史》起于 386 年，终于 618 年，记述北朝魏、北齐、周、隋四个朝代共 233 年的历史，但实际上是删并魏、齐、周、隋四书而成。此书与《南史》具有共同点，删繁就简，虽有失当之处，但仍不失为一部重要的史籍。

《隋书》

85 卷，"二十四史"之一，纪传体隋代史。主要作者魏征（580 ~ 643），字玄成，河北人，唐初政治家，是中国历史上有名的谏臣。此书记载从 581 年至 618 年的历史，资料丰富而可靠，然已整理编作成书的著作不多。总的看来，《隋书》在唐初几部官修书中，还算较好的一部。叙事简洁、文笔流畅，令人百读不厌。

《旧唐书》

200 卷。"二十四史"之一，纪传体唐代史。作者刘昫（888 ~ 947），字耀远，涿州归义人，在后唐和后晋时，两度提任宰相并兼修国史。本书记事上自 618 年，下迄 909 年（哀帝天佑四年），共 290 年的历史。后晋编《旧唐书》时，距后唐灭仅三十多年，故资料丰富。而长庆以前，多用唐代官修的实录，因此在史料保存方面，应可以充分肯定其完整性。

《新唐书》

225 卷。"二十四史"之一，纪传体唐代史。成书于 1060 年，主要作者欧阳修（1007 ~ 1072），字永叔，号醉翁，晚号六一居士，庐陵吉水人，北宋著名的文学家和史学家。新唐书记事上起 618 年，下迄 907 年，共计 290 年的历史。著书目的是为更完备总结唐代盛衰的历史经验。本书特点是"其事则增于前，其书则省于旧"，首创《兵志》《仪卫志》《选举》三志；又专立《藩镇传》，记述沿革；唯文辞刻意求简，以致时有年代含糊不清，与《旧唐书》相同。但从编书体例和文字严谨来看，新书是值是肯定的；而从原始史料保存的完整性来看，旧书又胜其一筹。

150 卷。"二十四史"之一，纪传体五代史。包括《本纪》60 卷、《列传》77 卷、《志》12 卷。由薛居正监修，参加修作者尚有卢多逊、扈蒙、张澹、李昉等人。薛居正是北宋初政治家，北宋初官至宰相。其分梁、唐、晋、汉、周五书，记事上起 907 年朱温称帝，终于 960 年北宋灭后周，前后计 54 年的历史。此书根据五代的实录等写成，文献颇丰，故纪传多首尾完备，为研究五代史提供了重要的原始资料。

《新五代史》

"二十四史"之一，纪传体五代史，作者欧阳修。计 54 年的历史。包括《本记》12 卷、《列传》45 卷、《考》3 卷、《世家》及《世家年谱》11 卷。书中列传皆用类传，有《家人》《一行》《义儿》《伶官》等传，而十国称为《世家》，并有《十国世家年谱》。此书文辞力求"高简"，对史实多有忽略，唯间采小说笔记以补旧史之缺，故仍有一定之史料价值。

《宋史》

496 卷。"二十四之一"，纪传体宋史。主要作者脱脱（1422 ~ 1452），文称脱脱不花、普花可汗，官中书右丞相，主修宋、辽、金三史，为元代史学家。《宋史》保存了丰富的史料，有助于了解宋代的政治、经济、军事、文化、思想以及自然科学等。如范仲淹庆历新政、王安石熙宁变法等，书中都有详载。特别是，还保存许多有关天文气象以及地震等自然灾害的资料。同时，书中首创《道学传》，对宋代道学（理学）的兴起有较充分的反映。但因成书仓促，故详北宋而略南宋，而资料剪裁、史实考订亦颇多错误。

《辽史》

116 卷，"二十四史"之一，纪传体辽代史。包括《本纪》30 卷、《志》32 卷、《表》8 卷、《列传》45 卷，末附《国语解》一卷，主要作者脱脱。《辽史》以辽代耶律俨的《实录》和金代陈大任的《辽史》为基础，兼用辽人的行状、家传、暮志、碑刻等，略加修定编排而成。此书较完整而系统地记载了辽朝二百多年的历史，是研究当代政治、经济、阶级、民族关系的重要史料。因《实录》和陈大任的《辽史》都已失传，因此该部《辽史》成为现存唯一记载辽朝历史的重要史料。

《金史》

135 卷。"二十四史"之一，纪传体金代史。包括《本纪》19 卷、《志》39 卷、《表》4 卷、《列传》73 卷、末附《金国语解》，为脱脱等作。其材料来源，主要是金代各朝的实录和各朝编修的《金史》。此书比较完整而系统记载金朝历史，是研究金代政治、经济、民族关系以及天文地理的重要史料；其书条例整齐，胜于同时编修的宋辽二史。但也存在不少错误，如语多掩饰、虚妄，体例编次不当，人名错讹，互相歧异。

《元史》

210 卷，"二十四史"之一，纪传体元代史。包括《本纪》44 卷、《志》58 卷、《表》8 卷、《列传》97 卷。以李善长为监修，宋濂、王祎任总裁，及赵埙等十六人纂修。宋濂（*1310～1381*），字景濂，号潜溪，浙江人，明初文学家。《元史》一书是根据实录、后妃功臣列传及诸家所撰行状、墓志、表志及《经世大典》等书而作，保存了较多史料。此书编修时早，元灭之当年就筹办，第二年开修，

107

且编刻印速度快。由于较仓促，因此不利重要资料的保存，对重要史实如中西交通等未加详述，编次亦混乱。但此书仍有较高的史料价值，而其客观性强，能"据事直书，具文见意，使其善恶自见"。

《资治通鉴》

294 卷。作者司马光字君实，号迂叟，世称涑水先生，陕州夏县）涑水乡人，北宋著名的史学家和政治家，他在政治上反对王安石变法。《资治通鉴》得神宗赐名作序，记事上自公元前 *403* 年，下迄公元 *959* 年，共 *1362* 年历史。此书先编"丛目"，再制"长编"，最后笔削润饰而成。内容以叙政治、军事为主，目的在为统治者提供国家治乱兴衰的借鉴，故名"资治"。记事特点是详今略古，乱世多记，治世少记。尤着重网罗"善可为法，恶可为戒"的种种史实。其史对秦末、汉末、隋末、唐末的几次大规模的农民起义战争，记载更比正史更详细。全书体例严谨，脉络分明，熔裁贯通，有体大思精之誉。是中国历史编纂学史上的一部划时代巨著，第一部编年体通史。

《续资治通鉴》

220 卷，编年体史书。主要作者毕沅，字纕蘅，自号灵岩山人，清代史学家。记事上承《通鉴》，起自 *960* 年，下迄 *1368* 年，计 *408* 年。所记史实，有记事而无论断。如有歧异，则附考异，辨其真伪。宋纪部分记事以辽、金、夏与宋并重，对辽、金和宋末史事增补甚多，是通贯宋元基本历史较好的史书。

《宋史纪事本末》

26 卷，*109* 目。纪事本末体宋代史。主作者陈邦瞻，字德远，高安人，明代史学家。本书遵循袁枢《通鉴纪事本末》体例，并接继其记事时间，记载了从宋太祖建国到文天祥、谢枋得被害，包括宋辽金和元初诸朝的重要史实。作者以其高度的综合、分析能力，

把大量错杂的史料加以剪裁、整理和集中，而用较少的篇幅、流畅的文字，条理清楚地记述宋朝历史的大概轮廓，以及宋代各国兴衰治乱的种种事迹。此书涉及的问题较广泛，除政治事件外，对于诸如少数民族活动、典章制度、天文历法、学术思想以及农民起义都有专章记载，保存了重要史料。开创了纪事本末体史书记述典章制度、经济和文化等方面活动内容的先河。

《元史纪事本末》

27 卷，纪事本末体元代史，作者陈邦瞻。《元史纪事本末》对元朝的重大政治、经济事件以及科举、律令等各种制度，都有记述。但由于取材于《元史》和商辂等的《通鉴纲目续编》，及薛应旗的《宋元通鉴》，史料不是第一手，所以价值不高，且在史实考证和论述方面，也有不妥之处。但其有着取材精炼、叙事简明，轮廓清晰，条理公明等优点，是学元史入门的一部重要史籍。

《明史》

332 卷，"二十四史"之一，纪传体明代史。包括《本纪》24 卷、《志》75 卷、《表》13 卷、《列传》220 卷。主作者张廷玉（*1672～1755*），字衡臣，号研斋，安徽桐城人，清代学者，官至军机大臣。《明史》卷帙浩繁、取材丰富、体例严谨、内容充实、文字精练、便于阅览，是研究明代历史不可缺少的一部史籍。但由于清初修史文人对南明抗清史实和满族入关前的建州女真事实皆须有所回避，故有所缺漏，且对农民起义之事过度压抑。

《明史纪事本末》

80 卷，纪事本末明代史。作者谷应泰（*1620～1690*），字赓虞，别号霖苍，直隶丰润人，清初学者。此书记述从 *1352 年* 至 *1644 年* 间将近三百年的历史。其中对明朝重要的史事有较详尽的概述，此外对农民起义、阉党专权、倭寇侵略东南沿海等也做了专篇记述，

具有较高的史料价值。但在反映历史事件方面欠缺全面性，竟连郑和下西洋这一重要历史事件都未提及。

《廿二史札记》

36卷，历史考据名著。作者赵翼（1727～1814），字云崧，号瓯北，江苏常州人，清代著名的史学家和文学家。此书以读书笔记的形式，对我国历代"正史"的编作、体例，及其主要内容进行考证、分析和证论。其所考实际上包括了二十四史，但因《旧唐书》《旧五代史》未纳入，故称廿二史。书中先述著作沿革，评价得失；然后提出问题，考核史事，加以比较并提出已见。还贯穿详近略远的原则，故对元、明二史考订最详，为历史研究提供许多方便。

《文献通考》

348卷，作者马端临（1254～1323），字贵与，号竹洲，江西人，宋元之际史学家。全书以《通典》为蓝本，是继《通典》及《通志》20略以后又一部专门论述历代典章制度的巨著。本书记事起自上古，下迄南宋宁宗嘉定末年，其中以宋代制度最为详细。全书共分田赋、钱币、户口、职役、征榷、市籴、土贡、国用、选举、学校、职官、郊社、宗庙、王礼、乐、兵、刑、经籍、帝系、封建、象纬、物异、舆地、四裔等二十四门。内容包括宋宁宗以前历代政治、经济、军事、外交、文化等各方面的情况。在分门上，把有关国计民生的经济方面放在首位，然后才政治、文化，由此可见其独特的学术见地。总之，此书具有很高的史料价值，为"三通"之最。

《清朝文献通考》

300卷，清代制度史著作。稽璜、刘墉等为总裁，后经纪昀等校订。此书记事共分26考。所列子目，都据清制增入，如田赋考的八旗田制、户口考的八旗壮丁、学校考的八旗官学等等。凡清制无者，即去其目，如选举考的童子科、兵考的车站等等。此书取材自档案、国史、实录、官修诸书、私人文集等，总括清朝前、中期之主要行典制度和社会经济制度，参考价值极高。

《国朝先正事略》

60卷，清代人物传记集。作者李元度（1821～1887），字次青，号天岳山樵，晚号超然老人，湖南平江人，清代史学家。此书共收清开国至咸丰朝的代表人物1008人，分名臣、名儒、经学、文苑、遗逸、循良、考义七门。立传限于"先正"，如琦善、奕经之流则贬弃不传。书中收集的原始资料，颇有参考价值。

《书林清话》

十卷。作者叶德辉（1864～1927），字奂彬，号郋园，湖南湘潭人，清末民初版本目录学家和藏书家。此书以笔记体裁介绍书籍版本学的各项专门知识，包括书籍和版片的各种名称、历代刻书款式、装订种类、工料比较、印刷程序及鉴别和保存方法。并记述雕版始于唐盛于五代、活字始于北宋等具体史实，而对宋代以来的著名刻本和刻本钞书、藏书的掌故亦有提及。

《史通》

20卷49篇，内篇10卷36篇，外篇10卷13篇。作者刘知几（661～721），字子玄，江苏徐州人，唐代著名史学家。内篇多论史书源流、体例和编作方法；外篇多论史官建置沿革和史书得失。书中主张编作纪传体的断代史书，增加都邑、氏族、方物、方言四志。其用归纳法分古史为六家，统归纪传体、编年体。另主张史学应脱离文学，记载应因时因事变革，贵今轻古，详近略远，认为史家须兼有"史才"、"史学""史识"三长，而史书应用当时言语，不能摹拟古文，反对用浮词滥调。

《读通鉴论》

30卷，810篇，史论名著，作者王夫之。《读通鉴论》是以《资治通鉴》所载史实为背景，对社会政治、经济、军事、文化、民族以及意识形态等方面问题进行论述，反映其政治思想、哲学思想、及历史观。其方法是将《通鉴》所列帝王世系，以卷为单位再分若干篇，进行分析和评论。书中反对"天命论"，驳斥"君权神授"说，肯定"公天下"的思想。又提出"理在势中""势相激而理随之易"的观点，肯定了历史的进化，认为凡符合历史趋势的事是阻止不了的。末附《序论》四篇，阐明著书宗旨。此书与《史通》《文史通义》不同之处，在于它的评论对象是历史事实。

《容斋随笔》

74卷，笔记名，考订掌故名著。分《随笔》《续笔》《三笔》《四笔》《五笔》五集。作者洪迈（1123～1202），字景卢，别号野处、容斋，鄱阳人，南宋文学家。此书内容范围颇广，资料较丰富，包括经史百家、文学艺术以及宋代掌故、人物评价等方面。其中对宋以前典章制度，尤其是职官制度，多有考订。在文学方面，有关于唐宋文人事迹的记述，是文学研究中的重要史料。

《中论》

四卷，有27品，445偈，后秦鸠摩罗什译，为佛教大乘教里与瑜伽行派对立之中观理的奠基性著作。作者龙树（150～250）是古印度著名佛教理论家。《中论》阐述大乘佛教"缘生性空"和"八不中道"的中观学说，并提出一系列范畴与命题，表达了相当丰富的辩证法因素。此书为印度佛教辩证法创造高峰，是般若学说的基本理论著作，对研究佛教理论颇具参考价值。

《诗经》

311篇，除去六篇有题无辞的《笙诗》，实为305篇。又称《诗三百篇》，儒家经典"五经"之一，中国最早的诗歌总集。编成于春秋时代。相传周王室有派专人收集民间诗歌的制度，称为"采诗"。《诗经》一书，共分风、雅、颂三大类："风"又称"国风"，有土乐之意，是和诸侯国的土风歌谣，包括周南、召南等"十五国风"，共 160 篇作品。"雅"分大雅、小雅两部分，主要是贵族的作品，共 105 篇作品。

"颂"则又分周颂、鲁颂、商颂三部分，主要是贵族在宗庙祭祀时的歌舞乐章，共 40 篇作品。其内容丰富。如反映人们对长期兵投、徭役的怨恨和残酷剥削的愤怒和控诉的《君子于役》《何草不草》《魏风.伐檀》《硕鼠》等；抒发妇女的怀恋和悲怨的《周南.卷耳》《卫风.氓》等，一一为读者展现了广阔的古代生活画面，是今人研究古代社会状况和思想文化必不可少的重要典籍。在形式上，运用赋、比、兴手法，以四言为主，描写生动、语言质朴优美、音节自然和谐，有很强的艺术感染力，奠定了中国古代诗歌现实主义的基础。

《楚辞》

合本 17 篇。辞赋总集。主作者屈原，名平，字原，又自云名正则，字灵均，战国楚人，中国最早的大诗人。《楚辞》是战国时代楚地的一种诗体，以楚地的文学样式，方言声韵，叙述描写楚地风土物情等，具有浓厚的地方色彩，故名《楚辞》。后世称此种文体为"楚辞体"，又名"骚体"。屈原在吸收民间文学艺术的基础上，创造出骚体这一新形式，以优美的语言，丰富的想象，融化神话传说，塑造出鲜明的形象，富有积极浪漫主义精神，使《楚辞》成为中国早期南方文学的代表，而与《诗经》相辉映，并称"风骚"。继续和发展《诗经》所创的比兴手法，以及其中所表现的爱国主义精神，都在中国文学史上占有相当的地位，并对后代汉赋的影响深远。

《乐府诗集》

100 卷，由宋朝郭茂倩编着的乐府诗总集。"乐府"指古代收集民间诗歌音乐的音乐机构。此书收录从汉代直到唐五代的历代乐府名作和先秦至唐末的一些民间歌谣。在编辑上，各类歌曲都有总序，每曲都有题解，对各种曲调和歌辞的起源发展也均有考订。在编次上，古辞居前，历代仿作列于后。《乐府诗集》中的资料，用于研究古代诗歌的发展及民歌对诗歌的影响便更显得弥足珍贵。如《陌上桑》《孔雀东南飞》《木兰辞》皆成了脍炙人口的传世之作。

《昭明文选》

又称《文选》，是中国现存最早的诗文总集。编者萧统（501~531），字德施，江苏常州人，武帝长子，未即位而卒，谥号昭明，世称昭明太子，南朝梁文学家。此书是萧统招聚文学之士而编。选录先秦至梁的诗文辞赋，在艺术形式上，注重骈丽、华藻。全书共分为38类，共752篇，所选之作，时代愈近入选愈多。其中以楚辞、汉赋和六朝骈文居多，诗歌则多选对偶严谨的谢灵运、颜延之等人作品，而陶渊明等人平易自然之作则入选较少。由所分之类，可看见汉魏以来文学发展及文体增多的历史现象，是今人研究梁以前文学的重要参考资料。

《文心雕龙》

中国古代文学理论开山之作。作者刘勰（465~532），字彦和、东莞莒县人，商朝梁文学理论批评家。内容包括四部分：《总论》、《文体论》《创作论》《批评论》。总论是全书理论的基础。文体论总结前文的见解，探讨了35种文体的源流和演变，并举出每种体裁的代表作品，加以概括的评述。创作论和批评论则进一步阐明创作的方法，分析了有关创作的批评的主要问题，最后一篇《序志》，为全书作总评。

此书全面分析当时有关文字理论的基本问题，探讨文章的体裁、写作方法和艺术技巧，并评价一些作家的作品，有力地批评了当时务华弃实、脱离生活、片面追求形式的文风。其主张文学必须具有社会政治内容，而文质并重，以质为主。在中国文学史上，首次建立一套比较完整系统的文学理论体系。但书中论及丽辞、用事、声律等问题，未能摆脱当时文风的影响。

《沧浪诗话》

一卷。作者严羽，字仪卿，丹邱、号沧浪逋客，福建人，南宋文学批评家。此书分五类：诗辨、诗体、诗法、诗评、诗证。提出比较系统的诗歌理论，主张诗的别材、别趣之说，重视诗歌的艺术特点，批评当时诗歌的散文化、议论化。强调"妙悟"和"兴趣"需靠个人心领神会，有脱离现实的倾向。

《唐诗三百首》

编者蘅塘退士，原名孙洙，清朝人。《唐诗三百首》是最流行和最有影响力的唐诗集子。

它是以沉德潜的《唐诗别裁集》为蓝本，选的是唐人诗中最脍炙人口的作品，特别适合少年儿童阅读和背诵。许多中国人幼年时所念熟的唐诗都是从《唐诗三百首》里学来的。而很多中国人即使没学会做诗，也受到了唐诗的教育，"熟读唐诗三百首，不会作诗也会吟"已成古谚。书中选录的作者，包括三教九流，上至皇帝、下至妓女、和尚。整个作品的体裁也很完整，而且作选的作品艺术性高，可读性强，容易记诵，浅显明白，易于接受。但《唐诗三百首》对于研究唐诗的人来说，略显单薄。

《古诗源》

14卷。编选者沉德潜（1673～1769），字确士，号归愚，江苏苏州人，清代诗人。为叶燮门人。此书选收上古至隋代的古诗和歌谣共七百余首，包括古逸一卷，汉诗三卷，晋诗三卷，宋诗二卷，齐梁诗二卷，陈兆魏北齐、北周、隋诗各一卷。选诗主要依据《古诗记》等书，选择范围甚广。书中对大多数诗篇大意均作疏解，并附评点。而把唐诗称为近体诗，唐以前诗称为古诗，因为诗至唐为极盛，故唐以前诗为诗之源头，故名《古诗源》。

《词综》

清代朱彝尊、汪森编。朱彝尊，字锡鬯，号竹垞；汪森、字晋贤、号碧巢，浙江桐乡人。《词综》收录 659 家词人，共 2200 首词作。按时代分为唐词、五代十国词、宋词、金词、元词五个部分。其中以宋词最多。《词综》又以婉约词居多，认为这才是词的正宗。《词综》的出现，提高了词的文学地位。

《全唐诗》

900 卷，又总目 12 卷，唐代诗歌总集。由彭定求、曹寅等十人奉敕编次校刻，成于 1706 年，此书以明胡震亨的《唐音统签》和清初季振宜汇集的《唐诗》为蓝本，广为增订、校补而成。共汇编唐五代诗四万八千九百余首，附有唐五代词，所录作者达二千二百余人。编排顺序为帝王；后妃；宗室诸王；公主宫嫔；乐府诗，作者诗，无名诗；联句，断句；名媛；僧、道、仙、神、鬼；梦、谐谑；补遗；词。其中作者诗，按时代前后排列，并附小传。每一作家之诗按体排比。此书主要特点是内容齐全，校勘精审，为唐诗集大成之最重要总集。但全书编辑过程较短，略显仓促，存在不少问题，如作品前后重出、作者排列前后不当、小传多有疏漏等等。

《唐文粹》

唐代诗人总集，编者姚铉（968～1020），字宝之，安徽合肥人，宋文学家。编者以唐代诗文《文苑英华》所收甚多而难以通读，遂选录其中十分之一，按体裁和题材内容加以分类编辑，共分 16 类，凡 1980 篇。其中赋是一至 9 卷，诗是 10 至 18 卷，颂赞是 19 至 24 卷。20 卷以下大都是文章，分为表奏，书疏、文、论、议、书、序等，而 43 至 49 卷又标以"古文"之称。此书去取得宜，选录精要，唐代诗文精粹，大多荟萃其中，故为后人所推重。此外，还是历史上最早的一部唐文选本。

《宋诗钞》

仅成初集 106 卷。编者对明中叶以后在前后七子复古思潮影响下所流行的推尊唐诗、否定宋诗之说，深感不满，又鉴于宋诗向无总集，故选辑此书，意在阐扬"宋人之长"。编选者吴之振、吴自牧、吕留良均为清初学者。《宋诗钞》目录中列诗人 100 家，实收 84 家。其体仿《中州集》之例，编次以诗人时代先后为序，各家皆附小传，以述其生平事迹和诗歌评骘，对所选作品不加品题、批点。此书编辑规模既大，疏误亦多。

《宋六十名家词》

共 6 集 91 卷。编者毛晋（1599～1659），字子晋，号潜在，常熟人，明末藏书家、出版家。好钞录罕见秘籍，缮写精良，后人称之为"毛钞"。《宋六十名家词》，收晏殊《珠玉词》至卢炳《哄堂词》，实收 61 家。各家之后，附有跋语、简介词人及其风格。此书汇刻了宋代主要词家和词作，且刻印较早，故流传普遍，三百年来一直为学者所传诵，影响较大。

《宋文鉴》

150 卷，又目录四卷，宋诗文总集。编选者吕祖谦，字伯恭，学者称东莱先生，今浙江金华人，与朱熹，张栻齐名，时称"东南三贤"，南宋哲学家、文学家。《宋文鉴》仿萧统《文选》体例，共分 61 类，选录北宋时期诗、赋、奏疏、杂着等，尤以王安石、苏轼诗文最多。其中诗赋，大多歌功颂德及应酬赠答；奏疏论辩等文字则保存了当时政治斗争、思想斗争及社会生活的若干材料。此书宗旨在于反对浮华绮丽之文风，提倡注重作品内容。其能全面反映北宋文学之概貌。

《古文辞类纂》

75卷，散文总集。编者姚鼐（1732～1815），字姬传，号惜抱，世称惜抱先生，安徽桐城人，清代散文家、学者。此书选录战国至清代的古文辞赋，依文体分为论辩，序跋、奏议、书说、赠序、诏令、传状、碑志、杂记、箴铭、颂赞、辞赋、哀祭等13类。内容着重选录《战国策》《史记》、两汉散文家、唐宋八大家以及明归有光，清方苞、刘大櫆等的古文。此书严格按照桐城派的理论选文。全书共收古文辞赋722篇，书前有小序和目录，称为何序目。序目之下为正文，并附有评语和注释，因此能较完整的宣扬桐城派之文学观点。

《古文观止》

吴调侯、吴楚材编选。两人为叔侄，均是清初康熙年间文士。《古文观止》，"观止"取"叹为观止"之意，意思是太好了，全书共12卷。所收文章上自东周，下迄明末，共220篇。而且所选篇目都是东周以来的名篇，便于人们欣赏与学习。以散文为主，有少量骈文。在每篇文章中，都附有简短的评说，以介绍文章背景，解释词句，评论内容等，文字精练准确，按时代顺序排成12卷。在清代，《古文观止》是作为启蒙的教材，影响很大。

《经史百家杂钞》

26卷，曾国藩编散文总集，全书共分论着、词跋、诏令、奏议、书牍、哀祭、传志、叙记、典礼、杂记11类，共收文章七百余篇。在实际效用上，改变了《类纂》偏重对古文的研读、模习和应用，而在姚氏的义理、词章、考据等三条标准之外，另提出经济一项，意为"经世济民"，力求选文与政事结合，以便研读者能通过学习，了解历代的治乱兴衰、典章文物、学术思想和经国济民之道术。在内容上，新增了经、史、子三类的文章，约占全书的四分之一。其所选文章精当，内容丰富，范围广泛，体裁兼备，故可作为研读经、史、哲学等方面的基础读物，以及各种文体的示范读物。

《十八家诗钞》

28 卷，编者曾国藩。《十八家诗钞》共收魏晋至宋金著名诗人18 家的古近体诗作6599 首，分五古、七古、五律、七律、七绝等。所收诗人有曹植、陶渊明、鲍照、李白、杜甫、王维、孟浩然、白居易、杜牧、苏轼、元好问等。尤以李白、杜甫、苏轼等人的作品居多。此书旁征博采，历来被视作较好的诗歌选本。

《骈体文钞》

31 卷。骈文总集。编者李兆洛（1769 ~ 1841），字申耆，号养一老人，江苏武进人，清代文学家、地理学家、教育家。他提倡骈、散合一，推崇桐城派文章。《骈体文钞》选录晚周至隋骈体文，共分三编。上编是庙堂之作、奏进之篇，下分十八类；中编为指事述意之作，下分八类；下编多抒情寄兴之作，下分五类。此书所收集类俱全，可见骈体文之概貌。但缺点在于过分注重形式和提倡复古。

《曹子建集》

别集名，有赋四卷，诗卷，乐府卷，文四卷。作者曹植（192 ~ 232），字子建，安徽亳县人，封陈王，谥思，世称陈思王，三国魏诗人，是建安时期最负盛名的作家。此书中的作品以诗的成就最为突出。其诗多为五言，前期诗作主要抒发个人建功立业的抱负和对动乱社会的感触；后期诗作则更多反映壮志不得伸展的激愤不平之情及苦闷，并表达对下层民众痛苦生活的同情。其善用比兴手法，语言精练而词采华茂，对五言诗的发展有很大影响。

《阮步兵集》

别集名。作者阮籍（210 ~ 263），字嗣宗，河南人，曾任步兵校尉，故世称阮步兵。"竹林七贤"之一，三国魏文学家、思想家。此书包括诗、赋等一百余篇。在内容上较多反映作者的不满现实的苦闷心态。因大量运用比兴、象征的表现手法，使其诗作显得奥洁幽深。此书对散文创作上也有深远影响，如最能反映其哲学思想的作品《达庄论》，文中强调天地万物都将自生自灭。《大人先生传》，则是一篇杰出的讽刺散文，对封建社会作了尖锐深刻的揭露和批判。

《陶渊明集》

别集名。作者陶渊明（365～427），一名潜，字符亮，私谥靖节，世称靖节先生，江西九江人，东晋诗人。以"不为五斗米折腰"而毅然归隐，躬耕自资，其开创田园文学的新领域。此书共收录诗文辞赋等作品142篇，诗以五言为主，具有清新的风格和恬淡的意境。辞赋散文亦颇具特色，如《归去来辞》写对田园生活的热爱，表现出高洁的志趣。《桃花源记》以丰富的想象力，构想一幅理想社会的生活图景，读后令人神往。

《谢康乐集》

别集名。赋二卷、乐府和诗一卷、文一卷。作者谢灵运（385～433），谢玄之孙，晋时袭封康乐公，故称谢康乐，南朝宋诗人。该书集中所收之诗，以山水诗最为著名。因其喜好佛学，故其诗风其诗似出水芙蓉，具有淡远自然的美感。

《李太白全集》

30卷，别集名，作者李白（701年～762），字太白，号青莲居士，祖籍陇西成纪，唐代伟大的浪漫主义诗人，存诗约一千首。其诗想象丰富、热情奔放、气势磅礴、语言工丽，而意境波澜壮阔，能深刻反映社会现象。其诗古体中以七言成就最高，如《梦游天姥吟留别》《宣州谢朓楼饯别校书叔云》等；而近体诗也多有佳作，如《赠孟浩然》《送友人》；其绝句如《送孟浩然之广陵》《下江陵》等更是清新自然，深厚隽永，具有极大的艺术魅力，予人无尽的美感。李白把我国五、七言诗歌的创作推到了高峰，对我国古典诗歌的发展有重要的贡献，在中国文学史上有着崇高的地位，故后人对其有"诗仙"之誉。

《杜工部集》

别集名，20卷。作者杜甫（712～770），字子美，自称少陵野老、杜陵布衣，祖籍湖北襄阳，是唐代伟大的现实主义诗人。此书共收诗一千四百多首，其内容真实反映了唐王朝自盛到衰的种种，具有广泛的社会内容，并满溢作者的爱国爱民的热情。如"三吏""三别"等诗篇，对战争造成民生艰难和腐败政治造成的社会动乱、贫富不均，作了深刻的抨击。其鲜明的爱憎和大胆的抨击影响了中唐以下诗人。

《杜诗镜铨》

杨伦笺注。杨伦，清代江苏常州。《杜诗镜铨》是杜诗注本中最好的注本，共20卷诗文，两卷《读书堂杜工部文集文解目录》，另附有杜甫的《传志》《年谱》《评论》。

该书是学习、研究杜诗的人非常好的本子。

《王右丞集》

别集名，十卷。王维（701～761），字摩诘，官至尚书右丞，世称王右丞，诗与孟浩然齐名，合称"王孟"，唐代著名诗人。该书收入古诗150首，近体诗282首，其他各体文章72篇。早期作品风格雄浑、气象开阔，有建功立业思想，在一定程度上反映了社会现实生活。晚年作品，则多反映其隐逸生活，山水田园，闲情逸致等。其作品意境清幽，色彩鲜明，节奏谐和，有很高的艺术成就，使之成为盛唐山水田园诗派的主要作家。王维的作品"诗中有画""画中有诗"，给人以美的享受。

《王右丞集笺注》

赵殿成笺注。赵殿成，清代乾隆年间文士。《王右丞笺注》共28卷，按照诗体分类分卷，另有附录一卷，是保存王维作品最完整的一部书。

《孟浩然集》

别集名，四卷，作者孟浩然（689~740）襄阳人，唐代诗人，诗与王维齐名，称为"王孟"。浩然作诗，多吟咏个人失意和苦闷，描写寂静的景物。隐居鹿门期间，所作多反映隐逸的生活、高士的情怀、登临的清兴，风格清新淡雅，浑然一体。当然也有磅礴之作，如《望洞庭湖赠张丞相》的"气蒸云梦泽，波撼岳阳城"；此外一些诗篇也表达了诗人极欲问世、不甘退隐的矛盾和惆怅情绪，如《岁暮终南山》。

《高常侍集》

别集名，作者高适（702~765），字达夫，一字仲武，河北景县人，曾官至刑部侍郎，文学上与岑参齐名，并称"高岑"，唐代诗人。《高常侍集》以诗为主，其诗多抒写怀才不遇与仕途失意，有咏史感怀、边塞等。其中，尤以边塞诗最为著名，或歌颂战功，表现将士们的爱国主义精神，或揭露将军与士兵苦乐悬殊的生活；此外一部分作品，则着重反映农民生活疾苦，揭示农民在旱灾、赋税及官吏的压榨下贫困萧条的生活景象。其诗如"丈夫不作儿女别，临歧涕泪沾衣巾"，"莫愁前路无知己，天下谁人不识君"等反映其诗雄厚浑朴，笔势豪放的风格。

《韩昌黎集》

别集名，40卷，文30卷，诗赋10卷。作者韩愈（768~824），字退之，君望昌黎，世称"韩昌黎"，唐代著名文学家、哲学家，"唐宋八大家"之一。政治上反对藩镇割据，文道合一。形式上反对骈文，提倡散文。此书所以收散文居多，还包括论、说、传、记、颂、序、祭文、碑志、状、表、杂文等各种文体。其风格雄奇奔放，格调雄厚。其论辩，气势磅礴，针砭时弊，言辞锋利。其诗独辟境界，不袭蹈前人，想象丰富而奇崛瑰雄。但有的诗以文为诗，流于险怪，在一定程度上损害了诗歌的形象性和音乐美。

《柳河东集》

别集名，45 卷，外集两卷，补遗一卷。作者柳宗元（773 ~ 819），字子厚；世称柳河东，河东解人，唐代文学家、哲学家，"唐宋八大家"之一。其中有诗两卷，共一百四十余首。其余为文，约五百篇，文中以"论""说"、"记""书""非国语"最为重要。其政论文，突出表现其政治主张，例如在《封建论》中，论证了郡县制必然取代封建制的客观规律，从而表现其维护国家统一，反对分裂割据的进步思想。柳宗元的文章立论坚实，引据丰富，手法多样，结构严密，具有强烈的说服力。

《白香山集》

别集名，原称《白代长庆集》，作者白居易（772 ~ 846），字乐天，号香山居士，唐代大诗人。文学上主张现实主义的创作方法，提出要继承《诗经》"风雅比兴"的传统和杜甫的创作精神，反对"嘲风雪，弄花草"的空泛之非。与元稹共同倡导新乐府运动，世称"元白"。此书共收诗文三千六百多篇，分为讽谕、闲适、感伤、杂律四类。其讽喻诗，反映民间疾苦，揭露贵族的侈靡，如《秦中吟》、《新乐府》；闲适诗平易自然，圆熟流丽。如《钱塘湖春行》《赋得古草原送别》等。长篇叙事诗《琵琶行》《长恨歌》，形象鲜明，布局完整，语言优美，音韵和谐，开辟了歌行体的新道路。其诗风以平易通俗，深入浅出著称。

《樊南文集》

别集名，八卷，作者李商隐（813 ~ 858），字义山，号樊南生，又号玉溪生，怀州河内（河南沁阳）人，其诗与杜牧齐名，有"小李杜"之称，晚唐诗人。其诗风上继承杜甫七律锤炼谨严，沉郁顿挫的特色，又融合了齐梁诗的浓艳色彩，李贺的幻想象征手法，形成深情绵邈、绮丽精工的独特风格。或抒写怀抱，或关心政治，表现得淋漓悲壮，感慨深沉。如《安定城楼》《行次西效作一百韵》。所作咏史诗，以古喻今，有讽有叹，既斥统治者之荒淫，又寄怀才不遇之感慨。如《瑶池》《贾生》。所作爱情诗，大多以"无题"作诗名，描绘男女双方热烈而真挚的爱情生活。其诗典丽工整，和谐婉转，形象鲜明，感情挚拟。如"春蚕到死丝方尽，蜡炬成灰泪始干"等句已成千古绝唱。

《樊川文集》

别集名，作者杜牧（803～852），字牧之，西安人，其诗作与李商隐齐名，世有"小李"之称。晚唐诗人。其《樊川文集》，因杜牧有别墅在樊川而得名。作品中以诗影响最大，尤以七绝为胜。其诗无论抒情，写景，都独具风格。如《山行》"停车坐爱枫林晚，霜叶红于二月花"。《江南春》的"千里莺啼绿映红，水村山郭酒旗风"。在文学上有较进步的主张，强调文以致用，反对片面地追求辞采。如《阿房宫赋》文采飞扬，多含讽喻当世之意。

《苏东坡集》

别集名，110卷。作者苏轼（1037～1101），字子瞻，又字和仲，号东坡居士，眉州眉山人，北宋文学家、书画家，"唐宋八大家"之一。官至吏部尚书，政治曾反对王安石变法，后又与司马光不合，故一生失意，但在文学却取得巨大成就，成为继欧阳修之后的北宋文坛的精神领袖。《苏东坡集》，下分七个子集：《东坡集》40卷；《后集》20卷；《续集》12卷；《奏议集》15卷，《外制集》3卷；《内制集》10卷；《应诏集》10卷。在文学上主张文以致用，

"有为而作""有补于圆",倡导平易自然的文风。

其散文,议论风声,随机发挥,文理自由,恣意横逸。代表了北宋古文运动的最高成就。如写得明晰透辟,文思开阔,笔力奔放自如的历史散文《六国论》、《韩非论》等等;如写得超然清脱,刻画入微的游记《石钟山记》《放鹤亭记》等等;其《赤壁赋》更表达深刻的人生哲理。其词亦风格豪迈,视野辽阔,如《念奴娇. 赤壁怀古》。

《东坡乐府》

作者苏轼,字子瞻,号东坡居士。《东坡乐府》成集于宋代,现存最早的刻本为元代刻本。《东坡乐府》是苏词最完备的集子,共两卷,收录苏轼词作三百余首。苏轼开辟词坛新风,在婉转词与豪放词中都取得了极高的成就。

《临川集》

别集名,*100* 卷,又称《王荆公文集》、《王文正公文集》等。作者王安石(*1021 ~ 1086*),字介甫,号半山,江西抚州人。北宋政治家、文学家、思想家。官至宰相,主张改革政治,推行青苗法等新法,以达到富国强兵之目的,史称"王安石变法"。《临川集》中以一生所写大量奏议札子,最能反映其要求改变积贫积弱、实现富国强兵和政治改革的政治思想。哲学著作主要有《洪范传》等,他承认道的物质性、无限性,提出"无道尚变""相反相成"等哲学概念。在文学上,积极推进北宋古文运动,反对西昆派文人的主张。其诗文并重,散文以政论文为主,特点是说理透彻,结构严谨,笔力峭刻,如《答司马谏议书》《读孟尝君传》《伤仲永》。诗作也关注现实,揭露时弊。近体诗俊逸清新,平易近人。写景诗修辞巧妙,善于捕捉形象。

《山谷集》

别集名,*70* 卷。作者黄庭坚(*1045 ~ 1105*),字鲁直,号山谷道人，与秦观、张耒、晁补元三人齐名，时称"苏门四学士"，北宋著名的诗人、书法家。在诗歌创作上讲究修辞造句，追求奇拗硬涩的风格。风格上标榜效仿杜甫，白居易等诗人反映现实的精神，摆脱了西昆体崇尚华靡的影响。同时创作出许多清新流畅的诗文。如《雨中登岳阳楼望君山》在理论上影响很大，从而形成著名的"江西诗派"。

《剑南诗稿·渭南文集》

别集名。《剑面诗集》85 卷，《渭面文集》52 卷。作者陆游（1125 年~1210），字务观，浙江绍兴人。南宋著名的诗人，一生主张坚决抗战但未能得志。作者工诗能文擅词，其诗内容极为丰富，涉及南宋社会生活各个方面。如《关山月》《书愤》《示儿》抒写铁马横戈、收复失地的壮志等，表现出强烈的爱国精神。其描写田园生活与自然风光的作品，亦清新秀美，别具风采。语言"清空一气，明白如话"，风格雄浑豪放，激情昂扬。其词风格纤丽时似秦观，雄慨处似苏轼。如《诉衷情》《钗头凤》。

《稼轩长短句》

别集名，又名《辛弃疾长短句》，12 卷。作者辛弃疾（1140~1207），字幼安，号稼轩，山东人。南宋词人，一生主张抗金，未被采纳，并遭打击闲居于江西上饶一带。艺术上与苏轼风格相似，并称"苏辛"。此书共收辛词六百二十余首。其词笔势纵横，雄健豪放，不为格律所拘，继承苏轼豪放派的特点，并在内容和艺术上开拓了词的新境界，如《破阵子. 为陈同甫赋词以寄之》。其词风虽以豪放为主，却不拘一格，或沉郁明快，或流丽妩眉，兼而有之，但缺点是堆砌典故，冷僻艰涩。

《亭林诗文集》

16 卷，别集名。顾炎武见"日知录"条介绍。主张诗文应该有益天下，直写胸臆，多反映当时的社会现实以及本人的雄阔襟怀，如《秋山》《海上》《帝京篇》《精卫》。总之顾炎武的诗文蕴存着一股悲壮雄劲之气，上反明代摹拟萎纤的弱点，下开有清一代诗风。其文也多有可观之处，如《生员论》《钱粮论》揭时弊；《抄书自序》观生平治学情况；《与人》则述其学术文学见解。

《定庵文集》

别集名，13 卷，作者龚自珍（1792～1841），名巩祚，字瑟人，号定庵，浙江仁和人，清代思想、文学家，为著名训诂学家段玉裁之外孙。《定庵文集》全面地反映了作者的学术思想和文学成就。学术上，主张"通经致用"，反对脱离实际的考证和空谈理性的宋理学，倡导议论时势，开一代风气之先。哲学上，提倡重名不顾实，提性无善无不善"之说，反对孟子"性善"论与荀子"性恶论"。政治上，抨击"万马齐喑"的局面，要求"不拘一格降人才"。其文奥博纵横，诗则瑰丽奇肆，均独具特色，人称"龚派"。

《元曲选》

十卷，元人杂剧总集。编选者臧懋循（1550～1620），字晋叔，号顾渚，浙江人，明代戏曲学家、文学家。此书共 100 种，分为十集，每集十卷，每卷一剧。其中元人杂剧 94 种，明初杂剧六种。所选包括马致远、关汉卿、郑廷玉、王实甫等 39 位代知名作家及部分不知名作家之剧作。目的在于汇集元剧杰作，以"尽元曲之妙"。此书是现存流传最广的一部元人杂剧集本。

《窦娥冤》

杂剧剧本，作者关汉卿，号已斋叟，元代戏曲作家。《窦娥冤》一剧，是把神记中"东海孝妇"的故事，融入元代现实而成。剧情是这样的：窦娥青年寡居，与其婆母相依为命。张驴儿企图毒死窦娥婆婆，却误伤其父，诬告窦娥。为保婆婆，窦娥含冤屈招。处斩

127

前，她咒天骂地，发下"血溅白练""六月飞雪""三年亢旱"三桩誓愿以明冤。后其父窦天章访察楚州，窦娥鬼魂诉冤，冤情才得以昭雪。剧本塑造了窦娥这一心地善良，舍己为人，具有顽强抗争精神的形象，反映了元代社会的混乱，吏治的腐败，下层人民的痛苦，展示了广阔的社会生活画面。全剧语言精练朴素具有鲜明个性的特点。

《西厢记》

杂剧剧本，5 本 20 折。作者王实甫，名德信，北京人，元代剧作家。《西厢记》的题材，源于唐元稹《莺莺传》。王实甫在此基础上再创作，才写成最负盛名的《西厢记》。主要描写相国小姐崔莺莺与书生张生一见钟情，几经波折在红娘相助下，终成良缘。该剧塑造了不同类型的人物形象，如崔莺莺的美丽聪慧，敢于向封建礼教挑战；张生视爱情高于一切；红娘的伶俐、直爽、活泼和见义勇为；老夫人的言而无信，虚荣自私等等。全剧反映出中国封建社会中期，青年男女反对封建婚姻制度追求自由婚姻的愿望，歌颂主角在爱情婚姻上的叛逆精神，并大胆提出"愿普天下有情人终成眷属"的主张。该剧情节波澜起伏，合情合理。语言高度个性化，善于刻画人物心理；音韵、修辞技巧亦纯熟。

《琵琶记》

南戏剧本。三卷，作者高明，字则诚，自号菜根道人，浙江人。元代剧曲作家。《琵琶记》剧，是根据宋代戏《赵贞女》改编而成。故事叙述蔡伯喈与赵五娘成亲后，迫于父命离家应考，中状元后，牛府招其入赘。蔡伯喈推辞不成，被迫与牛丞相女儿成婚。原妻五娘在家侍奉老，因饥荒，二老双亡。五娘一路弹唱行乞，赴京寻夫。得牛小姐相助，其夫妇终得团聚，最后蔡携二妻回乡扫墓，以全忠全孝作结。思想上，其谴责了朝廷权臣的蛮横强暴和功名思想对社会的毒害。结构上，采用了蔡伯喈赵五娘两条线索交错递进的形式，加强悲剧性冲突和艺术效果。语言上，善于运用民间俚语，长于抒情，层层深入，切合人物性格，感人至深。

《牡丹亭》

或称《还魂记》传奇剧本。作者汤显祖（1550～1616），字义仍，号海若士，抚州人，明代戏曲作家、文学家。作者以丰富奇特的想象、浪漫主义和夸张的手法，创造一出曲折离奇而以富有现实意义的剧作。剧本写福建南宋太守杜宝之女杜丽娘因被父母禁居深闺，郁郁寡欢，偶入后花园，梦中与书生柳梦梅在牡丹亭相爱，醒后相思成病而死。广州书生柳梦梅考试路经南安，拾得丽娘画像，终日赏视；丽娘幽魂出现，相见如故。于是掘坟，丽娘死而复生，与梦梅同往淮安求其父母许婚。杜宝见而大怒，诬告梦梅掘女坟，上书奏皇帝。后丽娘上朝申诉，得到皇帝承认，两人终成好事。剧中男女主角具有强烈的追求幸福、反对封建婚姻制度的思想。全书语言典雅，深入刻画了官宦人家的生活、思想和情趣，精练凝重而又绚丽多彩，具有很强的文学性。

《长生殿》

传奇剧本。作者洪升（1645～1704）。字昉思，号稗畦，浙江钱塘人，清代戏曲作家，与孔尚任齐名。《长生殿》内容是根据有关唐代天宝年间李隆基和贵妃杨玉环相爱的故事编成。上卷写唐明皇宠爱杨贵妃，海誓山盟、生死相爱、沉湎酒色、荒废朝廷，且重用杨国忠、安禄山等人，终酿成杨国忠专权、安禄山作乱。唐明皇仓皇出逃，途中将士们杀死杨国忠，迫杨贵妃自缢。下卷写平"安史之乱"后，唐明皇重返长安，他对贵妃的思念感动了天地，于八月十五被引入天上月宫相会。本剧通过唐明皇与杨贵妃生死不渝的爱情故事，揭示了安史之乱前后广阔的社会背景。作品抒情色彩浓厚，情节曲折,场面宏伟,曲词清丽,音乐精淳,影响较大。

《桃花扇》

传奇剧本,作者孔尚任(1648~1718),字聘之,又字季重,山东曲阜人,清代戏曲作家。剧中写明末阉党阮大铖为收买复社名士侯方域,暗中出钱让侯方域结识名妓李香君。侯、李拒绝阮的收买,阮就依附大学士马士英迫害侯、李两人。后来强迫李香君嫁他人为妾,香君誓死不从,以头撞地,鲜血溅在侯方域所赠的定情宫扇上,后由杨龙友点缀成桃花形,故名。清军入京,侯、李在栖霞山道观上相会,怀亡国之恨,割断情根,双双出家。剧本藉侯、李离合之情抒发亡国之憾,揭示了南明王朝覆灭的必然性。作者善于把人物放在错综复杂的社会关系中,塑造性格特征。剧本结构布局匀称,情节连贯,语言清新流畅,富于诗意,突破一般大团圆的结局,使全剧思想及艺术性更增一筹。

《世说新语》

作者刘义庆(403~444),彭城人,南朝宋文学家。此书分德行、言语、政事、文学等36篇。内容主要记载汉末到东晋之间名士的言行和轶事,勾勒当时的社会面貌,涉及人物不下五六百之多,而较全面地反映出汉末魏晋时期士族阶层人物的思想、生活和怪诞的社会风气。全书语言精练,传神地勾勒出人物的性格和精神面貌,在我国古代小说中自成一体。对后代笔记小说,小品都有深远影响。

《水浒传》

又名《忠义水浒传》《江湖豪客传》,是中国第一部反映农民起义的著名白话长篇小说。一般认为施耐庵作,罗贯中续。施耐庵(1296~1330)为元末明初小说家。此书是在《宣和遗事》及民间口头传说、话本、杂剧中水浒故事的基础上创作加工而成。全书反映封建社会农民反抗朝廷发生革命、发展到失败的整个过程。

此书最突出的成就在于成功地塑造了众多的英雄人物形象，如林冲、李逵、鲁智深、武松、宋江等最为鲜明的人物形象。其次此书故事曲折动人，语言生动有力，情节紧张，环环相扣，战斗场面，绘声绘影，引人入胜，如"三打祝家庄""大破曾头市""三败高俅"等等。此书常见者，主要有一百回本，即宋江受招安后有"征辽"和镇压方腊起义等情节；另有120回本，又增加了镇压田虎，王庆的情节；后金圣叹将此书删改，删去招安及招安后事，而以卢俊义一梦作结，称七十回本。

《三国演义》

全称《三国志通俗演义》或《三国志演义》。《三国演义》，120回。作者罗贯中（1330～1400）名本，字贯中，号湖海散人，山西太原人，元末明初小说家。此书是根据《三国志》《三国平话》和其他杂记等资料，按七分事实、三分虚构再次创作而成。小说主要叙述在东汉末烽烟四起，各地枭雄一展雄才，而宗室刘备、关羽、张飞桃园三结义，三顾茅庐后请得贤能之士诸葛亮，在疆场中纵横决胜，造成魏、蜀、吴三国鼎立的局面，以及三国消亡的历史。全书虽头绪繁纷，人物众多，但始终以曹、刘的矛盾斗争为主线组织材料，结构主次分明、有条不紊。且人物形象鲜明，个性独具，如诸葛亮、曹操、关羽、刘备、赵云、周瑜。故情节描写亦十分精彩，如"三英战吕布"、"赤壁之战"、"空城计"等。此书是中国长篇历史小说的高峰。

《西游记》

20卷，100回，作者吴承恩（1500～1582）字汝忠，号射阳山人，江苏淮安人，明代小说家。《西游记》是在民间流传的唐僧取经故事和话本杂剧等基础上再经过创造而成。内容可分三部分，前七回为第一部分，写孙悟空出世、求道、闯龙宫、搅冥官、大闹天宫、被压于山下；第二部分是第八至第十二回，写玄奘的来历和取经缘起；第三部分是第十三回至第一百回，写取经过程。主要写孙悟空保护唐僧西行取经，一路降妖伏魔，历八十一难关，一一化险为夷，终于到达西天，取经归来。小说以唐僧取经为线索，孙悟空为主角，塑造一个敢反对天宫、地府统治者，专打抱不平的英雄形象，无情地批判和嘲弄了崇信道教，沉湎酒色、昏庸无能，专横独断，荒淫残暴的帝王。孙悟空成了勇敢、正义、智能的化身，而一切妖魔鬼怪则象征着社会的恶势力。小说语言通俗简练，生动活泼，诙谐幽默，是中国古代第一部长篇神话小说。

《儒林外史》

50回，长篇章回体小说。作者吴敬梓1701～1745），字敏轩，又字文木，安徽全椒人。清代小说家。全书是由许多既独立又相互联系的故事连缀而成，没有一中心人物贯穿全文，而以嘲讽的笔调，描写封建社会百官儒林醉心于功名利禄的种种丑恶，展现出一幅百官丑恶图，并对八股文考诚和科举制度作了批判，暴露其腐朽和荒唐。小说以周进、范进中举的典型事例，揭示知识分子热衷科举的根本原因，接着通过一系列人物的活动，揭露了八股文、科举制度的毒害，它使人变成唯利是图、忘恩负义的无耻之徒。当然，作者在讽刺科举场中人物的同时，免不了把自己的鄙视功名利禄思想寄托在如王冕、杜生卿等人物身上。

全书结构独立，可视为短篇小说的合成，在艺术上以漫画或夸张。极力展示人物思想境界，起到诙谐、幽默、嘲讽的效果。对晚清谴责小说影响极大。

《红楼梦》

原名《石头记》，120回，长篇章回体小说。作者曹雪芹，名沾，字梦阮，号雪芹，清代著名的小说家。全书从贾宝玉衔玉出世，林黛玉失去依靠投奔外祖母，开始写到林黛玉死亡之，贾宝玉出家。以贾宝玉，林黛玉的爱情悲剧为主线，展现了贾家荣、宁二府的兴衰的广阔的社会画面，用大量的笔墨描写府内父子、兄弟、妻妾、主仆之间在婚姻、道德、文化、教育等方面的纠葛和冲突，塑造了一大批如贾宝玉、林黛玉、薛宝钗，王熙凤、贾固、贾政尤三姐、鸳鸯等活生生的人物形象、揭露了封建社会晚期上层社会的荒淫腐败，互相倾轧、陷害。小说结构宏伟、脉络分明，表现出很强的整体性和组织性。其语言准确，生动，优美典雅。是中国古典小说中成就最高的一部作品。

《镜花缘》

100 回，长篇小说，作者李汝珍（*1763 ~ 1830*），字松石，直隶大兴人，清代小说家。此小说分两部分写武则天在寒冬时节诏令百花齐放，众花神不敢违抗，开花后触怒玉帝，被贬下凡，花神之首百花仙子托生于唐敖之女唐小山。唐敖科场落第，随妻弟林之洋乘船出游，在舵工多九公的导向下，历观海外三十多个国家和社会风情，后入蓬莱求仙不返。小山思亲心切、山海寻父，不遇而归。后部分写武则天开女试，录取由花神托生的一个百个才女。小说中所创造的"神话国家"，其名虽源《山海经》，却比原作更丰富，且赋有深刻寓意，通过虚幻的海外世界，描绘了这些国家的主题思想。小说中人物形象不甚鲜明，但语言爽朗活泼，幽默多趣。

《封神演义》

作者许仲琳。明朝万历年间人。《封神演义》是继《西游记》之后又一部神怪小说的力作。共 *100* 回，以宋朝话本《武王伐纣平话》为基础，参考古籍和民间传说，再根据作者自己的想象，演绎而成。它借历史事实托古讽今，又通过神魔斗法的魔幻色彩，宣传封建宿命论思想。其描写手法与幻想色彩对现在的小说创作和电影、电视均有借鉴作用。

《聊斋志异》

作者蒲松龄，字留仙，别号柳泉居士。清代山东淄川人。《聊斋志异》由491个各自独立的小故事组合而成。作品题材广泛，有的是作者亲眼所见，大部分来自民间，通过一个个怪异的故事展示了清代社会生活的面貌。《聊斋志异》是中国古代文言短篇小说的精品，其魔幻现实主义的手法，对现代派艺术产生深远的影响。

《汉书·艺文志》

史志书目，简称《汉志》《汉书》，十志之一。作者班固，东汉史学家、文学家，字孟坚，陕西咸阳人。曾任兰台令史，后升迁为郎，典校秘书。善作赋，著述甚丰。《汉书·艺文志》是根据刘歆《七略》增删改纂而成，仍存六艺、诸子、诗赋、兵书、术数、方技、六略，另析"辑略"成总序于志首，记述先秦学术思想源流。其中删兵书十家，增《七略》，有西汉刘向、杨雄、杜林三家的作品。共收录图书38类，596家，13269卷。此书是中国现存最早的系统性图书目录，并首创史志书目的体例，对后世目录学，尤其是史志目录的发展，影响极大。

《隋书·经籍志》

史志书目。简称《隋志》《隋书》，十志之一，共四卷，李延寿等撰，魏征删定。李延寿，为唐史学家，字遐龄，相州（今河南安阳）人，曾作御史台主簿等官、崇贤馆学士。魏征，唐初政治家，字玄成，河北人，曾任谏议大夫，是中国历史上有名的谏臣。《隋书·经籍志》是核对隋代遗书与《隋大业正御书目》《七录》等删重补缺而成，618年存书3127部，36708卷；佚书1064部，12759卷。根据荀勖《晋中经薄》以甲、乙、丙、丁四部分类，首次试以经、史、子、集作为四部名称，下分40类，另附佛、道二经15类，各部分类有总序、大序、小序，共 48 篇。内容包括典籍聚散、类目设置、学术流派。在收名、卷下附简要说明，或指明作者及时代、官衔，或说明真伪、存亡残缺等。此书既反映出隋朝一代藏书，又显示六朝图书流通情况。且其首创比较完善的四部分类体系，是《汉志》过后最早的史志书目，为考察唐以前的文代典籍提供了重要依据。

《四库全书总目提要》

成书于 1781 年，为中国古代最大规模的一部官修图书目录。乾隆任命皇六子永瑢等十六人为总裁，纪昀、陆锡熊任总纂，陆费墀负责总校而总以下官员共 360 人，抄写人员 3826 人。主要编撰人纪昀（1724 ~ 1805），字晓岚，字春帆，晚号石云，河北人，协办大学士。

《四库全书总目提要》实为《四库全书》的总目录，收《四库全书》存目 3461 种，未入编存目录 6793 种，计 10254 种。卷首有干隆的"圣谕"和四库馆臣上的"表文""职名"及"凡例"，记载全书的纂修过程和编写体例。然后按经、史、子、集四部 44 类编排。部有"总叙"，类有"小序"，较复杂的类还细分子目，有的并附"案语"，用以阐明各种学术思想的渊源、流派、相互关系以及画分类目的原因。

每书都有提要，概述其作者生平、著述渊源、主要内容、评价及流传情况等，此外并总结中国古代目录学的方法和理论。所以，此书不仅是一部有助于全面了解中国古代学术史发展情况的总汇性著作，对于古代典籍的参考和使用也有助益，还促进了目录学事业的发展，为后人编纂同类目录提供蓝本。然此书之不足点在于对典籍的评价带有浓烈的政治色彩，凡涉及明末清初之事或带有民主思想的著作，或删除，或曲解，或概加排斥。

《书目答问》

原是张之洞为回答初学者"应读何书、书以何本为善"而作，是学习经史、词章、考据诸学的导读目录。作者张之洞，字孝达，号香蹄，河北人，清末洋务派首领之一，同治进士，曾任两广总督、湖广总督和军机大臣等职。此书五卷，附录二卷，共收图书二千二百余种。多为重要书籍，所选版本亦以当时不缺、少误者为主。分经、史、子、集、丛书五部，每类以书籍的时代先后排列。每书皆注明作者、版本、卷数，择要略加按语。书后附有《别录》《清代著述诸家姓名略》。《别录》与正文相配合，由浅入深；《清代著述诸家姓名略》则列举诸家的姓名籍贯。此书介绍中国古书梗概和目录版本常识，为学术界所欢迎，流传极广。近人范希曾后撰《书目答问补正》五卷。

《历代纪元编》

三卷，补一卷。作者李兆洛（1769~1841），清代文学家、地理学家、教育家。字申耆，号养一老人，江苏武进人。嘉庆进士，官风台知县，后主讲江阴书院。此书上卷为纪元总载，中卷为纪元甲子表，下卷为纪元韵编。上卷列举汉以下至明各朝帝号、年号，以及改元地干支年份，并附录少数民族政权、农民起义领袖、割据政权和交趾、新罗、日本等所立年号，以及钱文和拟文不用年号等；中卷起自汉武帝建元元年，迄于清穆宗同治十年，分年排列，凡同时存在之政权，均于同一年中分格列入，并附有建元以前历代甲子表，以补此前无年号之不足；下卷以年号的末一字依韵编列，下注某一年号属何朝何帝。近人岁振玉有《重校订纪元编》三卷。

《历代地理志韵编今释》

20卷，作者李兆洛。此书编录《汉书》以后各正史地理志所载郡县名称，按韵编排次序，并分别考订清时所在之处。地名下有小注，以年代前后为序，郡详其所属州部，县详其所属州郡。凡同地同名，中隔以空圈；地异同名亦予着录，中隔以黑子。此书是一部常用的工具书，对研究历史者查阅地名颇为方便。

《史姓韵编》

64 卷，史学工具书。作者汪辉祖，字焕曾，号龙庄，晚号归庐。清代学者，乾隆进士，授湖南宁远知县。此书收录"二十四史"所载诸人姓名，以列传标名者为主，附录传主的先人、后裔及其他重要人物，分姓汇录、依韵编次，每人注明见于何史何传，同姓名者以其官籍为别。其中辽、金、元、明四史，少数民族或外族人物的译名另列一卷，以姓名首字为准，仍按韵排列。书后附有佚姓、释氏、公主、列女四部，各以类编，不以姓分，依韵编次。而帝王、后妃及外国诸传人名俱不载。但此书因按旧有韵目编排，所以查检不甚方便。

《说文解字》

简称《说文》，14 卷，又一卷。是中国现存最早的一部系统解析字形和考究字音、字义的汉字字典。作者许慎（58 ~ 147）是东汉经学家、文字学家。字叔重，河南郾城人。《说文解字》共收汉字9353 个，绝大多数是小篆；另收重文 1163 个，包括古文，籀文、奇字、或体、今文、俗字等。按文字形体偏旁构造分列 540 部，每部建立一部首，始"一"终"亥"。部首顺序大多"据形系联"，同部之字则大致按意义排列。

其方法是：先列出篆体字头，释其本义，再依据象形、指事、会意、形声、转注、假借等分析字形，并解其读音。一是说明从某声或某亦声，或是用读如、读若注音，说义时多引经传，用各家解释作例证。其将形、音、义紧密结合起来解说汉字的方法，颇具独创性。此外，《说文》从理论上对战国以来流行的"六书"的名称进行阐述，为汉语文字学研究奠定了基础。

其中又保存先秦大部分字体以及汉代和以前的不少文字、训诂、音韵材料，由此反映了上古汉语语汇的面貌。所以，直到今天《说文》仍是研究古文字学与古汉语不可或缺的工具书。清代为《说文》作注较多，最著名的有朱骏声《说文通训定声》、王筠《说文句读》、段玉裁《说文解字注》及桂馥《说文义证》。

《说文解字注》

简称《说文注》，为研究《说文》的重要著作，是今日阅读《说文》和研究文字训诂学不可或缺的参考文献。共30卷，作者段玉裁（1735～1815），字若膺，字懋堂，江苏金坛人，清代著名的文字训诂学家、经学家，曾拜戴震为师。《说文注》主要是校订《说文》的文字，以阐述许慎的说解。书后所附《六书音韵表》系根据《诗经》用韵和谐声字，将古韵分6类17部，是该书为《说文》诸字标注上古韵部的依据。

《说文注》首先根据《说文》的体例和宋代以前各书所引《说文》辞句，来校正大徐本和小徐本的讹误，再依古代经籍用字的异同来阐明《说文》各字之本义的构成及其引申、假借的意义。此种结合音韵和训诂的研究方法，和对原书条例及说解的若干发明，以及在文字学、词义研究方面的种种创见，都具有极高的价值。

《说文通训定声》

18卷，又柬韵一卷，为清代《说文》四大家代表作之一。作者朱骏声，字丰芑，号允倩，江苏吴县人，清代文字训诂学家。《说文通训定声》不以部首分类，而以韵分类。用《易经》卦名丰、升、临、谦、颐、孚、小、需、豫、随、履、泰、干、屯、坤、鼎、壮为古韵18韵目，来统率1137个形声偏旁，将谐声相同的字联在一起。在《说文》的基础上，又增附七千多字，共收字17240个。

每字先就字形构造考明本义，次以古书中通用之义，分列为转注、假借、别又、声训、古韵、转音等项，并一一注明。其中转注实为引申，假借则是同音通假，与《说文》原意不相同。此书以训诂、声韵相通的道理阐说《说文》，全面地解释词义，列举与许慎不同的各家传注。但不足之处是取材多囿于经传，而所列通假较浮滥，有时修订也较牵强附会。

《说文句读》

30卷。研究《说文》的重要著作，清代《说文》四大家代表之一。作者王筠，字贯山，号箓友，山东安丘人，清代文字学家。《说文句读》是在清代《说文》其他三家的基础上删繁举要而成。对段、桂两家不同者则多取桂家，并辑掇段桂两家之外的其他诸家之说，若皆不可取，则自为解说。此书解释简明，又加句读，便于初学。一些字还引用金文资料考证辨析，不乏有创见，对前人说解也多有补充和订正。不足点在于所引资料不注明篇章名目，故难以复核。

《尔雅》

三卷19篇，儒家经典"十三经"之一，是中国最早的解释词义的专著，也是汉语训诂学的开山之作。作者至今尚无定论，一般认为是战国末年至汉初学者掇辑前人对经传诸书的训释加以增益而成。全书十九篇，计有释诂、释言、释训、释亲、释宫、释器、释乐、释天、释地、释丘、释山、释水、释草、释木、释虫、释鱼、释鸟、释兽、释畜等。前三篇收录一般词语，将同义词分为若干义例，而取一个通用的词语训释。

后16篇则专门解释名物制度、天文地理、草木禽兽等方面的专有名词。方式是：先将有关事物比类相从，然后用下定义、描形譬况、今语释古语、俗语释通语的方法逐一加以义训。书中汉语词汇内容丰富，堪称为先秦至西汉训诂资料的总汇；当时逻辑思辨水准之高，其中对各种社会事物的细致分类可见一斑。此书对学习古代文献、探求古汉语语义及其发展演变的历史具有重要价值。

《经籍纂诂》

106卷。主编阮元，字伯元，号云台，江苏仪征人，清代著名学者，乾隆进士，官至云贵总督。《经籍纂诂》按平水韵分部，每韵一卷。以字为条目，搜集唐以前经传子史及字书、韵书中的训诂，共释字一万二千多个。其释义较其他工具书更全面，并兼释复音词。因其释字不注字音，也不解说字义，只是汇集前代的训释，所以叫"纂诂"。在纂集古训时按本义、引申义、假借义的次序排列，各条之间用空圈隔开，所引资料，皆注明出处。所以，此书具有字书、词书的双重功用，是综汇我国古书训诂的集大成之作，对阅读唐之前的古籍和研究古代书面语言、词汇学、训诂学具有重要的作用。

《广雅疏证》

20卷。作者王念孙，字怀祖，号石臞，江苏高邮人，清代著名音韵训诂学家。乾隆进士，初受业于戴震，与段玉裁并称"段王"。《广雅疏证》是一部注解《广雅》的巨著，堪与段玉裁的《说文解注》相媲美。因《广雅》一直无善本，且讹文脱字甚多，于是王念孙大量搜集汉魏以前的诂训材料，细加校勘后，改正字之讹者578，脱者491，衍者39，先后错乱者123，正文误入音内字者19，音内字误入正文者57。疏证字义时，则广征博引，用古音以求古义。而书后草虫鱼鸟兽一卷，有部分疏证是由其子王引之来完成。此书在学术或提供资料方面，都值得参考。

《读书杂志》

82卷。作者王念孙。《读书杂志》一书对《逸周书》《战国策》《史记》《汉书》《管子》《晏子春秋》《墨子》《荀子》《淮南子内篇》等古籍加以考释。在资料详尽的基础上，其突破文字形体障碍，以声音通训诂，因古音求古义，归纳汇证后引出科学的结论，能正确反映原意。此书在训诂学和校勘学上有很崇高的地位，是阅读古籍和研究古代词语的重要参考书。书后附有谈汉代碑版的《汉隶拾遗》，并附《余编》两卷。

《经传释词》

十卷。相当一部古汉语虚词字典，是古代虚词训诂专著。作者王引之，字伯申，清代著名音韵训诂学家王念孙之子。其承家钵，精考据，在学术史上与其父并称"高邮二王"。《经传释词》一书中共搜集周、秦、西汉典籍中的虚字 160 个，按古音声部加以排列。对每个词目，先说明用法，再援引例证，追溯其原始，述其演变。其中引用其父观点的部分，以"家大人曰"注明。此书引证广博，条理清晰，见解精辟，极富创见性，可帮助初学者清除无谓的虚字障碍，并对古汉语语法的研究具有一定的启发作用。

《经义述闻》

32 卷，撰者王引之。清著名学者阮元在《经义述闻·序》中评价此书："凡古儒所误解者，无不旁证曲喻，而得其本义之所在。"书中对《周易》《尚书》《毛诗》《周礼》《仪礼》《大戴礼记》《左传》《国语》《公羊传》《谷梁传》《尔雅》诸书加以考辨、审定、校正，并一一辨证前人误释之处，采用的方法是：旁征博引，从广泛的材料中进行归纳汇证，以得出科学的结论。其中的训释，多述其父之说，故名"述闻"。此书排解自汉以来不易解决的许多经学问题，是阅读古书和研究训诂学的重要参考书。

《古书疑义举例》

七卷。作者俞樾（1821～1906），字荫甫，号曲园，浙江德清人。清道光进士，官翰林院编修，河南学政，宗法王念孙父子。作者鉴于周秦两汉之书造句用词多与后世不同，所以专阐述其"辞例"，指出当时的行文特点。全书共 88 例，每例皆有题目，各成专题，以训诂为主，兼及词汇、语法、修辞、校勘等语文学诸方面。先引前人对群经史传诸子中的疑义数例，再加以阐述辨疑。此书引用资料极多，范围也广，也较有创见，是一部对古汉语中特殊语文现象进行集中和系统分析的专著，也是一部具总结性又富启发性的训诂学名著。

《广韵》

五卷，全称《大宋重修广韵》。成书于 1011 年，由陈彭年与丘雍等人奉诏修订《切韵》而成，是中国历史上第一部官修的法定韵书。主要修订人陈彭年（961 ~ 1017），字永年，江西人，官至兵部侍郎。《广韵》对《切韵》进行大量扩增工作，除增字加注外，部目也略有增订。共分 206 韵，其中平声 57 韵，上声 55 韵，去声 60 韵，入声 34 韵。平声韵分上下两卷，上、去、入声韵则各一卷。共收 26 194 字，注文 191 692 字。此外，读音相同的字列为小韵，每一小韵的首字之下，皆先释义后注音，并标明同音字的数目；余下各字，则仅释义，不注音。《广韵》保存了《切韵》的语音系统，并做了合理的调整。它既是研究汉语中古语音与中古音和近代音对应规律的重要资料，亦是进行上古音与中古音之分合比较的基础，为汉语音韵学中一部极为重要的韵书。

《集韵》

十卷。成书于 1039 年，是丁度与宋祁等人奉诏修订《广韵》而成。主要修订人丁度，字公雅，河南开封人，宋代文字训诂学家，官至端明殿学士。此书仍按《广韵》分 206 部；不同的是韵目和排列顺序略有变动，对"同用"的韵部也有新的改动和归并。其中反切改动较大，最明显的是把《广韵》后切上字的类隔切改成和音切，使反切用字符合当时的语音实况。

小韵的首字之下先注反注，后释义，释义多用《说文》，而《说文》从缺者，就引其他书解释。此书收字原则是"务从该广"，共收 53525 个字，比《广韵》多了一倍，是古代韵书中收字最多的一部，其中包括异体、古体、俗体字，以及异读音。而内容偏重文字的形体和训诂，是研究文字训诂和宋代语音的重要资料，可惜书中错字错音较多，索检极不方便。

《马氏文通》

十卷。原名《文通》，是中国第一部体系完整的汉语语法专著。作者马建忠（1845～1900），字眉叔，江苏丹徒人，清末语言学家。本书搜集先秦到唐韩愈期间诸经、史、子、集中的语言资料，并参考拉丁语法体系研究古代汉语的结构规律，加以分析整理为例句。全书分正名、实字、虚字、句读四部分。其中实字、虚字两篇分析各类实词、虚词在句中的用法，将实字分为名字、代字、静字、动字、状字；将虚字分为介字、连字、助字、汉字；句读篇讲述句子结构及类型，把句子分顿、读、句三种结构单位，"顿"相当于句子中的词组，"读"相当于子句、小句，而"句"能够表达一个完整意思。此书对词法和句法、各类词的特点和用法、句子的成分、词组、分句的结构等，进行全面的分析和阐述，不仅奠定中国语法学的基础，还开白话语法研究之先河，在汉语语法史上具有极其重要的地位。但缺点是有以拉丁语法强解汉语之处。

《本草纲目》

共 52 卷 16 部 60 类，作者李时珍（1518～1593），字东璧，号濒湖山人，蕲州人，明代医药学家。《本草纲目》是作者在多年的民间考察，并参考历代医药及有关书籍八百余种，并以《征类本草》为底本，历时 27 年，三易其稿而成。前二卷为全书的总论，包括七方、十剂、气味阴阳、升降浮沉、脏腑标本用药式，以及相须、相使、相畏、相恶、相反诸药、用药凡例和禁忌等。第三四卷为百病主治药，列举百余种疾病常用药，以利临床选择。第五卷之后为药品各论，按水、火、土、金、石等 16 部分，分 62 类，共载药物 1892 种，并以"释名"确定每种药物的名称。"集解"记述产地形态、栽培及采集方法等；"辨疑"、"正误"考订其品种真伪，以纠正历史文献记载之误。"修治"说明炮灸法；"气味""主治""发明"分析其性味与功用；"附方"则搜集历代医家和民间流传的方剂共一万余则，插图一千一百余幅。

《本草纲目》提出了较为科学的药物分类法，总结中国 16 世纪前的药学理论，是明代药物学、植物学的珍贵遗产，其对研究生物、化学、天文、地理、采矿等均具有参考价值。被誉为"东方医学巨著"。

《梦溪笔谈》

笔记名，26 卷，作者沈括（1031～1095），字存中，杭州钱塘人，北宋时科学家、政治家。《梦溪笔谈》系作者晚年居润州梦溪园而得名，全书内容涉及天文历法、气象、地质、地理、数学、物理、化学、生物、农业、水利、建筑、医药、历史、文学、艺术等，总结了中国古代特别是北宋时期自然科学的成就。其中对日蚀、化石及地壳成因的正确分析，都位居世界领先水平。另外，对保存一些重要的科技史料，如毕昇的活版印刷术、指南针的装置方法、卫朴制奉元历，孙思恭解释彩虹成现学等。另外，还记载不少有关当时政治、军事、法律、文学、艺术等方面的宝贵资料。此书文笔简约、准确流畅，不仅科学价值高，而且也是古代说明文写作的典范。被誉为"中国科学史上的坐标"。

《王祯农书》

古农书名。作者王祯，字伯善，山东东平人，元代农学家及活字印刷术的改进者。此书总结《齐民要术》以及中国在农业方面所取得的成就，包括宋金时期南北方的工业生产技术和工具之创造发明。此书分三部分：一、农桑通诀，总论农业的各个方面；二、农器图谱，是全书的精要部分，列举图标各种与农业有关的工具。三、百谷谱，包括农作物、果蔬、竹、木的栽培。书后并附有作者发明之先进的木活字排版方法《造活字印书法》。

《天工开物》

古代科技名著。*16卷，分上中下三编。作者宋应星（1587~1666*），字长庚，江西奉新人，明代科学家。上编六卷，内容包括谷类、棉麻栽培、养蚕、缫丝、染料、食品加工制盐、制糖等；中编七卷，包括制造砖瓦、陶瓷、钢铁器具、建造舟车，以及采炼石灰、煤炭、燔石、硫黄、榨油、制烛、造纸等；下编五卷，包括五金开采及冶炼、兵器、火药、朱墨、颜料、曲酒的制造和珠玉彩琢等。其注重实地考察，如景德镇瓷，闽广蔗糖、嘉兴蚕、淮扬海盐等都是作者亲见。此书概括了中国古代社会各方面的技术资料，是中国科技史的代表作，被誉为中国十七世纪的工艺百科全书。

《物理小识》

*12卷。*作者方以智（*1611~1671*），字密之，号曼公，安徽桐城人，明清之际思想家、物理学家。学识渊博，对天文、地理、历史、物理、生物、医药、文学、音韵等均有研究。《物理小识》之卷首为总论，表达了作者寓"通几"于"质测"和舍物则理亦无所得矣，以何格哉的根本思想。正文分天、历、风雷雨阳、地、占候、人身、饮食、衣服、医药、金石、器用、草木、鸟兽等共*15*门类，涉及古代各种科学知识，在综合中国古代科技知识的同时，兼收西方科学技术，其中有关炼焦与用焦的记载比英国达比早约一个世纪，并纠正利玛窦太阳半径说的错误。另提出"光肥影瘦"的理论，指

出人眼所见的太阳圆面比实际的发光体来得小。

《徐霞客游记》

古代地理游记。作者徐弘祖（1587～1641），字振之，别号霞客，明代江阴人，为地理学家、旅行家。足迹遍布云贵、两广等16个省区，其按日记记载观察所得。书中主要记述作者从1607年至1639年间的旅行见闻，对各地山川风貌、河流水文、地质状况及植物分布等都作了记录，由此开辟地理学中系统观察自然、描述自然的新方向。其中有关石灰岩地貌的记述，早于欧洲人约两个世纪。此书不仅具有很高的科学价值，同时具有很高的文学水平，文笔生动，记述精详，常有出神入化之笔，被誉为世间真文字，并为文学史家所称道。

《水经注》

40卷，古代地理名著，作者郦道元，字善长，今河北涿县人，北魏地理学家。书中记载大小水道1252条。所注以水道河流为主线，对其源头、流向、河道变迁、名称改易等一一追求本源。其中以黄河流域最为详尽，黄淮流域也较明晰。并因水及地、因地及事，记述河道流经地区的自然状貌、风土人情，内容极其丰富。本书是六世纪前我国最完整而有系统的综合性地理著作，其语言精妙，文笔绚烂，亦富含文学价值。

《海国图志》

作者魏源，字默深，湖南邵阳人，是中国近代史上与龚自珍齐名的经学家、思想家和史学家。《海国图志》是一部记述世界各国地理、历史、政治、军事、经济、科学技术以及宗教文化等史地著作。《海国图志》凡100卷。内容分两部分，一是自撰部分，提出"师夷之长技以制夷"的抗敌策略，主张学习外国的先进技术来富国强兵。二是资料汇编部分，为全书主要内容，汇编了外国的史地资料，并介绍各种军事技艺。

《海国图志》是我国近代史上第一部详细、系统的世界史地著作，对认识近代世界有很大帮助。

2. 中国现代作品阅读推荐

《狂人日记》

鲁迅的第一篇白话小说，也是中国现代文学史上第一篇白话小说。发表于 1918 年 5 月出版的《新青年》上，后收入《呐喊》。这篇小说以日记的形式，记叙一个"迫害狂"患者"狂人"的精神状态和心理活动，无情揭露封建家族制度和礼教"吃人"的本质，勾画了反动统治阶级的嘴脸，歌颂觉醒的敢于反封建的战士，提出"将来容不得吃人的人活在世上"的理想，发出"救救孩子"的呼声，号召人们为推翻旧社会而斗争。它的意义在于彻底地否定和批判了封建制度、封建道德和封建文化思想，在当时的社会上产生了巨大反响。

《阿 Q 正传》

鲁迅的著名中篇小说。自 1921 年 12 月 4 日至 1922 年 2 月 12 日，分章连续发表于北京《晨报》副刊，后收入小说集《呐喊》。这篇小说以辛亥革命前后中国农村社会为背景，通过对雇农阿 Q 的悲惨生活和命运的描写，深刻地反映了旧中国半封建半殖民地社会的基本矛盾，无情地揭露了封建统治阶级对广大农民群众的剥削、压迫和奴役，有力地批判了辛亥革命的不彻底性，总结了辛亥革命的经验教训，提出了民主革命的根本问题——农民问题。作者成功地塑造了以"精神胜利法"为其性格主要特征的阿Q这个生动的典型，他有"农民式的质朴、愚蠢，但也很沾了些游手之徒的狡猾"。作者痛切解剖和批判了阿Q的"精神胜利法"，意在唤醒被压迫、被剥削的广大人民奋起砸碎统治阶级加给他们的精神枷锁，直至走上革命道路。《阿Q正传》是中国现代文学史和世界文学史上耸立的一座丰碑。

《呐喊》

鲁迅的第一本小说集。初版于1923年8月，收有1918年至1922年间创作的短篇小说，包括《狂人日记》、《孔乙己》、《药》、《风波》、《故乡》、《阿Q正传》等14篇。它充分体现了"五四"运动彻底地不妥协地反帝反封建的时代精神，生动地描绘了辛亥革命前后广阔的中国社会的图景，成功地塑造了狂人、孔乙己、闰土、阿Q等不朽典型，着重揭露了封建社会的"吃人"本质和封建势力的凶残、狡猾，控诉了封建礼教、科举制度和封建思想摧残、毒害人民的罪恶，批判了资产阶级领导的革命的妥协性和不彻底性，艺术地显示了它的经验教训，唤起人民群众的觉醒，将反帝反封建的民主革命进行到底。作者以充沛的感情和昂扬的斗志，为冲锋陷阵的猛士呐喊助威，"使作品比较显出若干亮色"。《呐喊》深刻的思想内容和崭新的艺术形式，显示了"五四"文学革命的实绩。

《彷徨》

鲁迅的第二本小说集。初版于1926年8月，收入1924年至1925年所写的短篇小说11篇。它的重要内容展示了整个农村以至整个社会的复杂的阶级关系，挖掘出农民悲惨生活的根源；不仅写出他们由于受政治压迫和经济剥削而造成的肉体上的痛苦，而且着重描绘他们长期在封建制度和思想的束缚与毒害下的精神状态，从根本上否定了封建社会制度和封建思想，有着深刻的意义。另一方面是讽刺封建余孽，探索知识分子道路问题，真实地写出辛亥革命和"五四"运动时期两代知识分子在个人反抗失败后的不同表现及其空虚、动摇的弱点。这些作品，技巧更为圆熟，刻画更加深刻。特别在人物塑造上，鲁迅擅长用白描和"画眼睛"的方法，往往寥寥几笔，人物神情毕现，给人留下深刻印象。

《南腔北调集》

鲁迅杂文集。初版于 1934 年 3 月，收 1932 年至 1933 年除发表于《申报·自由谈》以外的文章 51 篇，其中有瞿秋白的两篇。本书中鲁迅继续声讨蒋介石集团的卖国投降政策和两个"围剿"的滔天罪行，对文化战线出现种种新的逆流进行揭露和抨击。

《且介亭杂文》

鲁迅杂文集。共有三本：《且介亭杂文》、《且介亭杂文二集》和《且介亭杂文末编》。第一本收 1934 年除发表于日报的短论以外的文章 36 篇；第二本收 1935 年所写杂文 49 篇。这两本由鲁迅编定，并写序言和后记（或附记）。第三本收 1936 年所写杂文 35 篇，鲁迅逝世后由许广平整理编定，并写后记。均于 1937 年 7 月印行。这三部文集中的文章，有对帝国主义和国民党反动派的抨击和揭露，有对孔孟之道和文艺领域反动势力的无情批判，有对人民力量的歌颂和对文艺战线上新生事物的扶持，还有从现实斗争需要出发，总结历史经验而成的文艺论著。

《野草》

鲁迅的散文诗集。版于 1927 年 7 月，收入 1924 年至 1926 年所作散文诗 23 篇，写于"五四"运动的退潮时期。诗集以生动的形象反映了鲁迅这一时期的思想和战斗活动，艺术地记录了鲁迅思想上的深刻矛盾，表现了鲁迅对于黑暗势力不屈不挠的斗争精神和对光明的憧憬与追求。作品形式多样，艺术构思新颖、奇特，想象丰富，语言形象而凝练。在中国现代文学史上开了散文诗的先河。

《朝花夕拾》

鲁迅的散文集，原名《旧事重提》。1928 年 9 月初版，收入 1926 年在北京和厦门写的散文 10 篇。内容是鲁迅对青少年时代往事的回忆，从一些生活侧面表现了鲁迅所处时代的社会面影，表现了鲁迅追随时代的步伐，倔强奋进的革命精神；洋溢着对良师挚友的怀念，充满了对黑暗世界的针砭。文章在优美的抒情诗般的叙述中往往掺入杂文笔法。浓郁的抒情和尖锐的议论浑然无间的结合，语言的朴素自然和状物叙事的白描手法，构成了作品的艺术特色。

《故事新编》

鲁迅的历史小说集。初版于 1936 年 1 月，收入 1922 年至 1935 年间所作的 8 篇作品。这些作品是根据现实斗争的需要，把古代神话、传说或历史故事同现实题材融合在一起写成的。它们深刻地刻画了反动势力的丑恶嘴脸，批判了儒家和道家传统思想的反动本质，特别是《非攻》、《铸剑》、《理水》等篇，塑造了正面人物形象，赞美了中国历史上的优秀人物，表达了对当时艰苦斗争、勇于自我牺牲的革新者的无限敬仰。"借古讽今"是这些作品的突出特色。不仅借古人古事以"喻今"，而且在描写古人古事时，掺杂了现实生活的细节或片断，对反动势力进行了辛辣的讽刺。

《林家铺子》

茅盾的短篇小说，写于 1932 年 7 月。小说描写 1932 年 "一二八" 事变前后，上海附近某集镇一个小百货商店——林家铺子由挣扎到倒闭的过程。小说反映了在帝国主义侵略、国民党反动官僚敲诈勒索下，连小商人也无法逃避破产的命运，从而揭示了 30 年代初期整个工商业趋于崩溃的情景，在当时具有深刻的现实意义。小说最后在林家铺子倒闭使张寡妇等不幸者失去在林家的存款，断绝生路，发出疯狂的惨叫声作结，更进一步控诉了整个悲剧的制造者，也揭示了林老板自己受害，而又把厄运转嫁给贫苦无助者的两重性。在一个短篇中写出如此深广的社会内容，显示了作者高度的艺术概括力。

《子夜》

茅盾的长篇小说代表作，写于 1932 年 12 月。它以典型的半殖民地城市上海为背景，写了三个方面的内容：以吴荪甫为代表的民族资产阶级的奋斗、挣扎直至破产的必然命运；以赵伯韬为代表的、以帝国主义为后台的金融买办资产阶级对民族工商业的控制与压迫；城乡工农奋起斗争。作者在广阔的历史背景下提出了这许多问题，但最中心的问题只是一个，在半殖民地半封建的中国没有发展资本主义的可能性。小说成功地塑造了 20 世纪 30 年代中国民族资产阶级的典型人物吴荪甫，在他身上集中反映了民族工业资本家的本质特点。作品通过错综复杂的社会关系和阶级关系，深刻反映了 20 世纪 30 年代初期中国社会的面貌。通过人物对话、侧面描写、暗示等手法，反映了中国共产党领导的工农红军的发展壮大，展示了中国社会的光明前景。书名"子夜"意谓子夜过后就是黎明。小说在人物描写、情节结构的处理、文学语言的运用与心理描写诸方面，显示了作者卓越的艺术才能。《子夜》是中国现代文学史上现实主义长篇小说的杰作。

《倪焕之》

叶圣陶的长篇小说代表作，1929 年出版。通过主人公倪焕之的一生，反映了从辛亥革命到大革命失败这一历史时期中一部分知识分子的崎岖道路和思想面貌。倪焕之是热切追求新事物的青年，他最初期待着用"理想教育"来洗涤社会的黑暗与龌龊，憧憬着一种建立在共同事业基础上的互助互爱的婚姻。严酷的现实生活使他的幻想破灭了，不但"理想教育"不能实现，家庭生活也远违他的初衷。这使倪焕之深感失望而痛苦。后来在革命者王乐山的影响下，他投身于社会改造活动。然而由于尚未真正与工农大众相结合，当"四·一二"王乐山被反动派杀害之后，他又陷入苦闷彷徨，以至于纵酒痛哭，最后在矛盾迷惘中病逝。作品后半部在人物刻画方面稍嫌粗疏肤浅，结构上前后也有失平衡，但仍不失为优秀之作，是中国现代文学史上较早出现的重要长篇小说。

《二月》

柔石的中篇小说，作于 1929 年。描写青年知识分子在探索前进的道路中矛盾和苦闷，揭示了旧中国社会一角的生活和各种人物的面貌。主要人物肖涧秋是一个憎恨黑暗势力，追求美好生活，同情社会弱者的个人奋斗者。他原想到有"世外桃源"之称的芙蓉镇，超脱世俗，但很快便陷入各种矛盾的漩涡之中。他以人道主义的同情去资助得不到社会抚恤的烈士遗孀文嫂及其子女，却遭到了人们的诬蔑和讥笑。孤儿的夭折和寡妇的自杀，使他的人道主义归于破灭。嫉妒和污蔑，也容不得他和追求个性解放的陶岚的恋爱。重重矛盾和纠葛使他无法应付和解决，只好离开仅生活了两个月的并非"世外桃源"的芙蓉镇，重新开始他的探索。这个形象显现了部分知识青年的影子，启发他们思索，去探寻新的出路。深刻的心理描写，浓郁的抒情笔调，显示了作品的艺术特色。流露的伤感情绪和小资产阶级情调，是作品的消极面。

《家》

巴金《激流三部曲》的第一部，写于 1931 年。它以"五四"运动以后的四川成都为背景，描写了一个封建大家庭内部血淋淋的罪恶及其没落、崩溃的命运。觉慧是作者热情歌颂的封建叛逆者，他受到"五四"新思潮的冲击，看到封建大家庭一桩桩的罪恶，日益加深了对封建专制制度的憎恶，终于冲出了家的牢笼，踏上了探索新生活的道路。觉新是一个软弱、顺从的形象，他对封建礼教不满，但不敢也不愿反抗。他是我国历史处于转折时期出现于封建家庭的又一典型人物。作者还描写了一群妇女形象和她们的悲剧命运，有力地控诉了封建制度和封建礼教的罪恶。书中对高老太爷、高克明、冯乐山等封建代表人物进行了无情的揭露和鞭挞，显示了中国地主阶级走向没落崩溃的必然趋势。《家》是我国新文学史上最著名的作品之一。

《骆驼祥子》

老舍的长篇小说，写于1935年。作品真实地描写北京一个人力车夫的悲剧命运。主人公祥子是一个破产的农民，流落到北京，他的理想是自己买一辆车，做一个不受车主剥削的自由车夫。经过三年艰苦积蓄，买了一辆心爱的车，但被军阀逃兵抢走；准备买第二辆车的积蓄又被特务勒索一空；第三辆车因妻子虎妞难产而死再次被迫卖掉。最后，祥子终于由一个艰苦奋斗的要主宰自己命运的生活强者，沦为一个行尸走肉般的无业游民。小说充分表现了对受压迫的劳动人民的深切同情和对吃人的旧社会的强烈憎恨，也指出像祥子那样个人奋斗的道路走不通，启示被压迫者必须寻求新的出路。作品在艺术结构和刻画人物上取得突出成就，作者把北京口语加以提炼，使之简明利落，极富表现力，而且幽默风趣。它是老舍小说作品中的代表作，也是中国现代文学史上长篇小说的杰作之一。

《生死场》

萧红的中篇小说，写于1934年9月。小说描写了哈尔滨附近的一个村庄的劳动人民不堪日本帝国主义蹂躏奋起反抗的艰苦过程。日本帝国主义在东北实行殖民统治，到处奸淫抢杀，使广大农民觉悟到只有誓死反抗才有生路。觉醒了的农民组织起来参加东北义勇军的红枪会，开展武装斗争。从命运悲惨的小寡妇到老太婆都奋起进行各种方式的斗争。甚至连那个从前只看到自己的一只山羊，别的什么也不管的、家破人亡的老农民二里半，也被逼走投无路，跛着脚跟着李青山去寻找人民革命军，走上了反抗侵略者的道路。作品最早反映了东北人民轰轰烈烈的抗日斗争，表达了作品强烈的爱国热情，因而在读者中引起较大的反响。

《华威先生》

张天翼的短篇小说，发表于 1938 年 4 月。小说塑造了一个挂抗日招牌，却压制、阻挠和破坏人民抗日的国民党官僚、党棍的典型。作者用漫画笔法，抓住人物的时代特征和阶级特征，成功刻画了华威先生自命不凡、刚愎贪婪与卑劣虚弱的内心世界。不仅辛辣地讽刺了卑劣的反动的官僚政客，而且深刻地揭露了国民党蒋介石奉行的竭力防范人民、限制人民、敌视人民的政策。

《李有才板话》

赵树理的中篇小说，写于 1943 年。它是解放区文艺代表作，也是现代文学中优秀的作品。作品深刻反映了抗日时期在改选村政权和减租减息斗争中农民和地主之间复杂的阶级斗争，揭露了地主阎恒元及其狗腿子的破坏活动和丑恶嘴脸，歌颂了在中国共产党的领导下以李有才为代表的农民机智勇敢地跟地主做斗争的革命精神和取得的伟大胜利。它描写了新时代的革命变化，塑造了新的农民群众的形象，使我们看到了农民的觉醒和成长。它还塑造了两种工作作风的干部的形象，颂扬了党的优良传统，批判了官僚主义作风。小说具有民族风格，全篇穿插快板，以突出人物形象。故事波澜起伏，结构清晰连贯，格调风趣乐观；语言大众化、口语化和形象化。整个作品充满浓郁的乡土气息，带有鲜明的地方色彩，富有新时代的民族特色。

《荷花淀》

孙犁的短篇小说代表作，发表于 1945 年。它写冀中白洋淀人民组织地方武装，抗击日本帝国主义侵略的斗争故事。作品着重刻画了水生嫂等一群纯朴、开朗、坚强、积极向上的青年妇女的形象。通过寻夫、遇敌、战斗等一系列行动，表现了她们的成长过程，表现了她们英勇抗敌的爱国主义思想和革命乐观主义精神，反映了白洋淀人民紧张而愉快的战斗生活，歌颂了人民战争思想。小说笔调清新、活泼，语言流畅、优美，通篇充满了轻快欢乐的气氛，洋溢着浓郁的诗情画意和乡土气息。

《围城》

钱钟书的长篇小说，1947 年出版。作品刻画了一批知识分子形象，主人公方鸿渐是一个具有复杂性格的人物。在爱情生活上，他追求纯真的爱，厌恶市侩习气，但又因循苟且、胆小怯弱，追求中举棋不定，终于成为爱情生活的不幸者。在职业道德上，他有正义感，对生活中的丑恶现象不满，并进行过斗争；却又常常屈从于环境的压力，总是处于狼狈不堪的境地。在家庭生活上，他希望过真诚、愉快、自由的家庭生活；可又软弱无能，摆脱不开旧家庭和社会生活的压力，致使小家庭陷入破裂的危机之中。方鸿渐等人的生活道路和困顿处境揭示了一个道理：半封建半殖民地社会里的小资产阶级知识分子，如果只把自己关在个人生活的小圈子里，是不会有出路的；只有投身到伟大的时代洪流中去，把个人命运和整个民族、国家的命运结合在一起，才会有广阔的前途。《围城》采用多种讽刺手法，深刻细腻的心理描写，丰富多彩的文学语言，使其艺术上具有鲜明的特色。它反映 20 世纪 40 年代知识分子生活的优秀长篇，被誉为"新《儒林外史》"。

《太阳照在桑干河上》

丁玲的长篇小说，写于 1948 年。作品反映了 1946 年初秋，华北地区桑干河畔暖水屯农民斗地主闹翻身的过程，深刻地揭示了农村各阶级错综复杂的关系，各种人的动向、思想和精神状态。它塑造了各种不同类型的地主，其中着力刻画了地主恶霸钱文贵的形象，通过对他狡猾多变的活动手段的描写，揭露了地主阶级的反动本质，反衬出土改运动的艰巨性和复杂性。作者还描写了干部和积极分子的思想变化，写了他们的内心矛盾和在斗争中的成长过程，作品从多方面展开各种矛盾冲突，歌颂了在中国共产党领导下广大农民战胜封建势力取得翻身解放的伟大胜利。它是反映土改运动的最优秀作品之一，曾荣获 1951 年斯大林文学奖金二等奖。

《暴风骤雨》

周立波的代表作，是现代文学史上描写我国土地改革运动较杰出的长篇小说。作品以鲜明的爱憎、细腻而明快的笔触，从广阔的背景上，艺术地再现了暴风骤雨般的土改运动的图景，深刻地反映了东北农村在土改中的复杂斗争和深刻变化，真实地表现了中国共产党对土改运动的领导作用，热烈地歌颂了土改斗争的伟大胜利。作品成功地塑造了许多性格鲜明的人物形象，如先进农民赵玉林、郭全海、党的干部肖祥、赶大车的老孙头及赵大嫂、白大嫂、刘桂兰，还有地主韩老六、杜善人等，歌颂了农民的优秀品质和他们在党领导下的成长，揭露了地主阶级的丑恶面貌、反动本质及其必然灭亡的命运。《暴风骤雨》不仅受到国内广大人民的欢迎，也获得了国际声誉，曾荣获 1951 年斯大林文学奖金三等奖。

《保卫延安》

杜鹏程的长篇小说，1954 年出版。它是我国现代文学中第一部在广阔的历史背景上正面描写解放战争的优秀作品。它集中地描写了 1947 年 3 月至 9 月延安保卫战的几次关键性战役，艺术地概括了我军由战略防御转入战略进攻的史实，展示了整个解放战争的伟大进程，在一定广度和深度上再现了历史的真实。作品成功地刻画了我军西北战场总指挥彭德怀的感人形象，塑造了解放军英雄典型周大勇以及政治工作者李诚等一批指战员的英雄形象，热烈歌颂了党中央光辉的战略思想和英明的战略部署，突出地表现了人民军队和人民群众的血肉关系，揭示了我军必胜，敌人必败的历史规律。小说气势雄伟，格调高昂，各种不同类型的战斗场面描绘得惊心动魄。又各具特色，从而组成了一幅波澜壮阔的人民战争的宏伟画卷。语言生动，明快，洋溢着强烈的激情，抒情议论富有哲理意味是建国后我国文学创作的重要收获之一。

《林海雪原》

曲波的长篇小说，1957 年出版。描写解放战争初期，我东北某地少数残匪逃进深山老林，继续为非作恶。为了巩固后方，发动群众，支援前线。人民解放军组成了以团参谋长少剑波为首的三十六人小分队，挺进林海雪原。他们发扬我军优良传统，依靠人民，以惊人的大勇大智，克服种种艰难险阻。奇袭奶头山，智取威虎山，激战四方台，彻底消灭了许大马棒、座山雕、侯殿坤三股土匪。小说通过三个各有首尾、各具特色、互相勾连的故事，塑造了少剑波、杨子荣、孙达得等英雄形象，歌颂了人民军队在祖国解放事业中的不朽功勋。作者在继承和借鉴我国古典文学优良传统方面进行了探索，故事完整，情节曲折，惊险动人，富有传奇色彩和浪漫主义气息。

《红旗谱》

梁斌的长篇小说，1958 年出版。以 1927 年大革命前至 1931 年"九·一八"事变后北方农村和城市的生活、斗争为背景，通过锁井镇上朱、严两家三代不屈不挠的斗争，描写了冀中地区历史上著名的反割头税运动和保定第二师范学校的护校斗争，深刻反映了这一地区的人民在中国共产党的领导下进行反帝反封建斗争的历史面貌。作品着重表现了农村革命力量的发展和农民革命从自发走向自觉的过程，揭示了党的领导对农民革命的决定性意义，从而概括了中国农民在民主革命时期所走过的革命道路。作品成功地塑造了朱老忠、严志和、运涛、江涛等人物形象。主人公朱老忠，是一个经历了两个不同时代的农民英雄，既保留着劳动农民传统的英雄品格，又有着20世纪30年代中国农民所共有的革命气质和特征，具有深刻的社会意义。这一典型形象的成功塑造，是我国当代文学创作中的突出成就。小说有鲜明的时代色彩，风格雄浑深沉而又朴实、亲切。在人物描写、结构安排上，采用了我国古典小说的传统手法。语言通俗简练，洋溢着浓郁的乡土气息，具有中国气派。

《青春之歌》

杨沫的长篇小说，1958年出版。它是一部描写中国共产党领导下的民主革命时期学生运动的优秀作品。以1931年"九·一八"事变至1935年"一二·九"运动的历史为背景，通过女主人公林道静走上革命道路的成长过程和她与社会各方面的接触，真实地再现了党领导的波澜壮阔的青年革命，从一个侧面反映了当时的社会面貌，表现了阶级矛盾、民族矛盾空前激烈之际，知识分子的日益觉醒和分化。小说着力塑造了革命知识青年林道静的形象，描写了她在党的培养教育下，从彷徨苦闷到倾向革命直至参加革命成为无产阶级战士所走的道路，有着深刻的典型意义。小说还出色地刻画了卢嘉川、江华等共产党人的光辉形象，成功地描写了在白色恐怖下走着不同道路的形形色色的知识分子群像。作品讴歌了共产党人、爱国进步青年的革命精神和英雄气概，鞭挞了怯懦庸俗的社会渣滓和卑鄙无耻的叛徒，有力地表现了知识分子只有跟党走，投身于革命事业才有光明前途的道理，具有深刻的教育意义。故事情节生动，描写细腻，语言简练流畅，富有艺术魅力。

《创业史》

柳青的长篇小说。第一部发表于 1959 年，写的是终南山下一个村的农业互助组的成长和发展。作品广阔而深刻地描写了我国农村改变生产资料私有制的社会主义革命，歌颂了社会主义新人的胜利，刻画了各个阶级的人物在合作化运动中的行动、思想和心理的变化过程，较全面地展示了我国广大农民的历史命运和生活道路，具有史诗的价值。主人公梁生宝是一个具有鲜明性格特征的英雄典型，他领导高增富、任老四等贫农坚持走互助合作道路，在同各种阻碍合作化道路的势力进行激烈斗争中，最后巩固和发展了互助组，艰苦地创社会主义家业，开始了农民真正的创业史。小说艺术结构宏伟完整，人物形象血肉丰满，语言个性化，具有很高的艺术成就。作者原计划写四部连续性长篇小说，以反映我国农业合作化运动。可惜只完成了两部（《创业史》第二部上卷于 1977 年出版，下卷于 1979 年出版），即不幸逝世。

《红岩》

罗广斌、杨益言合著的长篇小说，1961 年出版。作品以 1948 年至 1949 年重庆解放前夕，革命者在"中美合作所"狱中进行反迫害的悲壮斗争为主线，在广阔的社会背景上，展现了人民群众同美帝国主义、国民党反动派的严酷斗争，成功地塑造了江姐、许云峰、齐晓轩、成岗、华子良等一批无产阶级英雄形象，热情歌颂了革命先烈的崇高品质和英雄气概，表现了共产党人前仆后继，不怕牺牲，敢于斗争，敢于胜利的彻底革命精神。同时，也深刻地揭露了敌人恐惧、绝望的心理和色厉内荏的本质。小说基调高昂，人物众多，心理描写细腻；事件纷繁，矛盾冲突尖锐；结构宏伟严谨，情节波澜起伏、惊心动魄、语言的感情色彩浓重，人物对话富有哲理性。

具有巨大的艺术魅力。《红岩》先后被改编为电影和歌剧等。

《李自成》

姚雪垠的长篇历史小说。以农民起义领袖李自成的事迹为题材。全书计划写五卷，共约300万字。从1957年秋着手创作，现已出版第一、二、三卷。小说描绘了明末农民起义的壮丽画卷，写出了农民起义的曲折发展的过程和浩大的声势及其推动历史前进的巨大作用。且非常广泛地反映了明末错综复杂的阶级矛盾和民族矛盾的社会生活面貌。作品塑造了李自成、刘宗敏、郝摇旗、高夫人、红娘子、张献忠等农民起义将领的形象，大多是富于个性的艺术典型。作者较好地处理了历史科学与小说艺术的关系，达到了历史真实和艺术真实的统一。在艺术结构上，章节内容紧密衔接，疏密相间；情节发展波澜起伏，错落有致；主线和副线安排得当，头绪清晰而又纵横交错，使小说富于民族风格和民族气魄。是一部描写农民战争的优秀作品。

《雷雨》

曹禺的优秀话剧剧本，1934年发表。剧本以1923年前后的中国社会为背景，通过一个带有浓厚封建色彩的资产阶级家庭内部的种种冲突和周、鲁两家错综复杂的矛盾纠葛，揭露了资产阶级与封建专制势力残暴、虚伪而又脆弱的本质，并表现了被侮辱损害的贫苦劳动人民的悲惨遭遇和一定程度的反抗要求。作者塑造了周朴园这个封建专制魔王兼资本家的典型，通过他对前妻侍萍的"始乱终弃"与"忏悔"，对年轻妻子繁漪的冷酷、专横，充分暴露了他是一个自私、残酷的伪君子，是周家一切罪恶的制造者。通过他和鲁大海之间的冲突，揭露了他剥削、压迫以及屠杀工人的凶残、贪婪的本性。剧中主要人物的悲剧结局，引导人们去追溯造成这一悲剧的社会原因。《雷雨》以它鲜明的人物性格，富有戏剧性的情节，精练、生动而又个性化的对话，显示了较高的艺术成就。

《屈原》

郭沫若的著名历史剧，写于 1942 年初。描写战国时代楚国与秦国之间的矛盾和由此引起的楚国统治集团内部爱国与卖国的斗争，在这一背景下成功地塑造了屈原的艺术形象，歌颂了屈原爱祖国爱人民的崇高思想和不妥协的斗争精神。作者把屈原 30 多年的悲剧历程集中在一天之内来表现，通过想象和虚构，安排了一系列人物和事件，情节紧张，充满着雄浑悲壮的气氛，有着极佳的艺术效果。剧本写于"皖南事变"之后的重庆，作者通过屈原对楚怀王绝齐亲秦，甘心投降的谴责，揭露和控诉蒋介石阴谋卖国投降日本帝国主义，加紧反共和迫害抗日志士的罪恶行径，借历史讽喻现实，有着重大的政治意义。《屈原》是郭沫若历史剧中成就最高、影响最大的代表作。

《蔡文姬》

郭沫若的五幕历史话剧剧本，作于 1959 年。剧本通过蔡文姬一生悲欢离合的故事生动地刻画了一位捐弃个人悲欢、以国事为重、具有爱国主义思想感情的妇女形象。作者还以历史唯物主义观点，肯定了曹操的文治武功对历史发展的贡献。在戏剧创作上。第一次塑造了雄才大略、豪放潇洒的政治家、军事家曹操的形象。剧情从悲到喜，悲喜交织。以《胡笳十八拍》伴唱，剧情和台词抒情气息浓重，充满诗情画意。人物性格在尖锐的矛盾冲突中得到了充分的展现。剧本气势磅礴感情炽烈诗意浓郁，是当代重要历史剧作之一。

《白毛女》

我国第一部大型新歌剧。由延安鲁迅艺术文学院师生集体创作，贺敬之和丁毅执笔，写成于 1915 年。是根据"白毛仙姑"这个流传在晋察冀边区的民间故事创作的。全剧 5 幕 16 场，以农民和地主之间的阶级矛盾和斗争为中心线索，通过对喜儿的悲惨遭遇和翻身解放的描写，有力地控诉了恶霸地主黄世仁的罪恶，表现了"旧社会把人逼成鬼，新社会把鬼变成人"的主题。作品成功地塑造了喜儿、杨白劳等被压迫农民的典型形象，正确地反映了农民群众的革命愿望和要求。表现出一种鲜明的革命浪漫主义色彩。剧本采用了群众所喜闻乐见的形式，吸收我国传统戏曲的表现手法和民间曲调的优点，具有民族风格；为我国新歌剧的创作开拓了道路。

《茶馆》

老舍的三幕话剧剧本，发表于 1957 年。剧本没有完整集中的故事情节，以王掌柜、常四爷、秦仲义三个人物贯穿全剧，以北京一家祖传的大茶馆——裕泰茶馆为开展剧情的场所；描写了清朝末年、民国初年、抗日战争胜利后三个时代形形色色的事件。通过进出茶馆的 70 多个人物形象，反映了半个世纪的风云变幻，世态人事，艺术地展现了三个时代、50 年之久的历史图景，使读者和观众看到了"一个茶馆就是一个小社会"。剧本具有特别浓烈的生活气息和地方色彩，人物形象栩栩如生，语言洗练、雄劲而又个性化，体现了作者幽默的艺术风格。

《关汉卿》

田汉的话剧剧本，写于 1958 年。剧本取材于我国元代大戏剧家关汉卿的生平事迹，进行艺术加工创作。通过关汉卿的《窦娥冤》的创作及其演出过程，生动感人地反映出剧作家、演员和观众的辩证关系，表现了黑暗时代人民的冤屈、仇恨和反抗，歌颂了为争取进步呼唤光明而勇敢献身的精神。塑造了关汉卿、朱帘秀、王著等动人的人物形象，突出了关汉卿那种"蒸不烂、煮不熟、捶不扁、炒不爆，响当当一粒铜豌豆"的可贵的坚强性格。《关汉卿》是田汉的话剧剧本代表作，也是当代文学史上不可多得的优秀剧作。

《海瑞罢官》

吴晗的历史京剧剧本，发表于 1961 年 1 月。剧本描写出任应天十府巡抚的海瑞与闲居的宰相徐阶斗争的故事，赞颂了海瑞体察民情、刚直不阿的精神，鞭挞了贪官庸臣。剧本七易其稿，发表后即在史学界和戏剧界引起了很大反响。这种创造性的工作，为繁荣社会主义文化艺术做出了贡献。5 年之后，林彪、"四人帮"罗织罪名，借此剧作制造了令人震惊的冤案。

《女神》

郭沫若的第一部新诗集，1921 年 8 月出版。集中作品大部分写于"五四"运动至 1921 年上半年。诗人在作品中诅咒黑暗，抒发爱国激情，表现了五四时代彻底反帝反封建的精神，和中国青年知识分子对祖国新生的希望。其主要作品意境开阔，形象壮美，构思新颖，想象奇特，感情奔放，极富浪漫主义色彩。且形式自由，长歌短吟并包，叙事、抒情、议论齐备，还运用了诗剧体裁，可谓开一代诗风。《女神》是我国新诗的奠基作品。

《死水》

闻一多的诗集。1928 年出版，收入 1925 年至 1928 年间的诗作28 首。作品表现了对军阀统治下政治腐败、民不聊生的黑暗现实强烈不满的情绪和失望焦急的心情，抒发了对帝国主义愤恨、反抗和蔑视之情以及因久居异域对祖国的思念。在表现形式上，《死水》字句整齐，排列对称，音韵和谐，词藻斑斓，有着"音乐美"、"绘画美"和"建筑美"，达到了较高的艺术成就。

《大堰河》

艾青第一部诗集，收诗 9 首，1937 年出版。其中《大堰河——我的保姆》是带自述性的长诗，诗人早期诗歌的代表作。大堰河是诗人的乳母，在作品中是个勤劳、宽厚、纯朴、慈爱的农村妇女形

163

象，她被残酷的生活所折磨，过早地离开了人间。诗中充满了同情、怀念、不平和悲愤，并把抒情和揭露紧密结合起来，表示了对"不公道的世界"的强烈不满，对剥削阶级的憎恶和决裂，以及诗人追求新生活的愿望。

《黄河大合唱》

光未然的组诗，写于 1939 年 3 月。它以黄河两岸人民抗日救国的英勇斗争为题材，热情地歌颂了在中国共产党领导下抗日军民的游击战争，表现了游击健儿和抗日英雄的英雄气概，描绘了抗日战争的宏伟画卷；塑造了中华民族巨人般的形象，歌颂了中华民族悠久的历史，充满着民族自豪感和爱国主义精神；愤怒地控诉了日本帝国主义的侵略罪行，号召人们投入到反法西斯的战斗中去。组诗经人民音乐家冼星海谱曲，成为著名的抗日救亡歌曲。感情炽热，气势磅礴，格调高昂，强烈地反映出时代精神，具有鲜明的民族风格，深受广大群众欢迎。

《王贵与李香香》

李季的长篇叙事诗，写于 1945 年。它以第一次国内革命战争时期刘志丹领导的陕北地区土地革命为历史背景，通过对一对青年男女的爱情遭遇和斗争生活的描写，反映了陕北土地革命中尖锐而曲折的阶级斗争，表明了农民只有在中国共产党领导下进行革命斗争，才能获得翻身和幸福。长诗采用陕北民歌"信天游"的形式，用比兴手法刻画人物，具有浓郁的地方色彩和民族风格，是现代文学史上"表现工农兵"的优秀诗作。

《雷锋之歌》

贺敬之的长篇政治抒情诗，写于 1963 年。长诗深入发掘雷锋精神：全心全意为人民服务，做革命事业的螺丝钉。作者歌颂了哺育英雄雷锋的伟大的社会主义祖国、伟大的中国共产党、伟大的毛泽东思想；生动揭示了在社会主义革命和建设事业中，开展"向雷锋同志学习"的深远意义。作品气势雄伟，具有强烈的时代气息，热情饱满，想象丰富，寓意深刻，节奏明快，音韵和谐。发表后在社会上产生了重大影响。

《毛主席诗词》

毛泽东所著旧体诗词集。1976年1月出版，共收作者由1925年至1965年所作诗词39首，并附有经作者审定的《蝶恋花·答李淑一》一词的注文。毛主席诗词的题材多样，内容深刻，多方面地反映了半个世纪以来中国人民的革命斗争和作者的革命实践活动。作品采用革命现实主义和革命浪漫主义相结合的创作方法，气势雄伟，诗味浓郁。在表现形式上，于严谨的格律之中遣词命意驾轻就熟，用典入化，富有新意，是旧的诗词形式与新的革命内容的完美统一。

《革命烈士诗抄》

萧三编于1959年。书中收集了李大钊、瞿秋白、邓仲夏、彭湃、恽代英、方志敏、叶挺、关向应、杨靖宇、李兆麟等几十位革命烈士的120多首诗词。《诗抄》中每一诗篇，都闪耀着共产主义思想光辉，表现了革命先烈们宁死不屈的磅礴气概和崇高的革命气节，反映了他们的战斗生活、高尚的品质和高度的革命乐观主义精神，具有鲜明的无产阶级党性和坚韧的战斗性。

《坟》

鲁迅的论文和杂文集。初版于1927年3月，收入1907年至1925年的作品20篇。写作时间跨越旧民主主义革命和新民主主义革命两个历史时期。主要文章有《我之节烈观》、《我们现在怎样做父亲》、《灯下漫笔》、《论"费厄泼赖"应该缓行》等。

3. 外国经典作品阅读推荐

《荷马史诗》

欧洲文学起源于古希腊时代，而荷马史诗则是这一源头取之不尽，用之不竭的甘泉。它启迪了后世诗人丰富的灵感，促成了无数杰作的诞生。

荷马史诗包括《伊利亚特》（又译《伊利昂记》）和《奥德修记》（又译《奥德赛》），相传为元前九世纪左右由一个盲诗人荷马所作，但诗人的生平已不可考。

荷马史诗的内容来源于元前二十世纪特洛伊战争后，流传在民间的神话传说和英雄故事。在西元前九世纪至前八世纪由荷马整理加工成演唱本史诗形式，在西元前六世纪被正式写成文章。到了西元前二世纪至前二世纪，经业历山大城学者编订后，便成了我们所见到的样子。

荷马史诗的内容非常丰富，它广泛地反映了古希腊时代的经济、政治、军事、文化等方面的情况，以及当时人们的生活、斗争和思想感情，堪称人类社会童年的"百科全书"。它在西方古典文学中一直占据最高的地位，从西元前八世纪开始，就被公认为文学作品的楷模。两千多年来，西方人一直认为它是古代最伟大的史诗。马克思也给予它极高的评价，说它具有"永久的魅力"，是一种"规范和高不可及的范本"。

荷马史诗的成就是巨大的。掩卷之余，我们的眼前就会浮现出一个个个性鲜明、栩栩如生、呼之欲出的人物形象：骄横傲慢的阿伽门农、轻薄无能的帕里斯、水性杨花的海伦、钟情痴心的卡吕普索……。当然，最让读者难以忘却的还是三位英雄人物：阿喀琉斯血气方刚，单纯执著是力量的化身；赫克托耳是一个具有浓厚悲剧色彩的英雄人物，为保卫国家，战死沙场；奥德修斯则是个大智大勇，百折不挠的英雄。在描写这些人物时，作者运用了丰富的艺术表现手法。如写奥德修斯假扮成乞丐回家时，众人都认不出他，只有一只老狗摇尾巴欢迎他。这种侧面烘托手法的运用，令人拍案叫绝。史诗结构精美，剪裁巧妙，布局完整。两部史诗的时间跨度都长达十年，但诗人只截取了几十天发生的事，而又重点写了某几天，都是一个情节，一个主要人物，一个中心。这种以点带面的结构，使得史诗繁而不乱。史诗的情节起伏跌宕，引人入胜，充满了浓厚的浪漫主义色彩，把我们带入一个神奇、悠远的古希腊时代。朴实、流畅的语言，有如一股清新的海风，让我们感受到人类原始时代质朴自然的语言风格。特别是那些新鲜、奇特而又贴切生动的比喻的运用，更增强了诗歌的表现力，总之，荷马史诗以绚丽多彩的生动画面，气势雄伟的高昂基调，单纯质朴的艺术风格，在欧洲文学史上竖立了第一座光辉灿烂的纪念碑。

荷马史诗对后世的影响也是深远的，两部史诗包括了绝大部分的希腊神话。这些神话成为后世文学家们创作的题材。"悲剧之父"伊思奇勒斯说自己的作品是"荷马盛宴的残渣"。维吉尔、但丁、密尔顿、莎士比亚、歌德这些享誉世界的文学家们，都从史诗中汲取了丰富的营养。到了二十世纪，人们对现代文明的堕落深感痛心，一些作家把目光转向了悠远纯真的神话时代，詹姆斯·乔伊斯的代表作《尤利西斯》就直接借用了《奥德修记》的故事。而今，"特洛伊的木马"、"不和的金苹果"、"阿喀琉斯的脚后跟"、"塞壬歌声"这些史诗中的人名、地名和典故，早已成为妇孺皆知的常用语。

荷马史诗是古希腊文学艺术中的瑰宝，在艺术上达到了极高的

水准。同时，史诗具备某种超越个别文化、超越个别时代地域的普遍意义，使任何读者都容易产生共鸣，并发生兴趣，它永恒的艺术魅力，永远让人迷醉。

《伊索寓言集》

世界上著名的寓言作家并不多，我们仅知道古希腊的伊索、法国的拉·封丹、俄国的克雷洛夫等，他们写的寓言在世界各地皆享有盛名；但说到创作年代之早、作品数量之多、流传范围之广，伊索当在首列。伊索寓言实在是个奇迹。

伊索生活在西元前六世纪，生下来就是奴隶。他先后有过两个主人，由于伊索学识丰富、聪明机智，后一个主人使他成为自由人。伊索后来很有声望，周游列国（邦），最后来到吕底亚。吕底亚的国王十分器重他，遇有疑难之事，总派他去办。一次，伊索奉命带了大笔金钱到德尔斐去发放给该市市民。由于市民贪心不足，伊索干脆停止发放，把钱退回给国王。市民大怒，诬告他犯了渎神罪，把他投下山岩处死。但德尔斐随即发生大瘟疫，市民只好到有名的德尔斐神庙请求神谕，神谕命令他们用金子赎他们迫害伊索所犯的罪。有关伊索的情况目前只知道这些。

伊索寓言第一本集子的问世，已是他死后近三百年，现在流行的伊索寓言中除了伊索创作的外，还有一些是后人的作品。

伊索寓言都是些短小精悍的故事，很大一部分用动物做主角。所选用的动物又十分符合它们各自的特性，如狐狸的狡猾、狼的凶残、驴子的忍耐等等。每个故事都含有深长的寓意，透过有说服力的故事说明一个道理，所讲的道理也是人生的哲理，运用了自然拟人的手法。因此，不同国家、不同时代的人读了，同样觉得亲切、有意思。

伊索寓言已成为世界经典文学作品，它的许多寓言已经融入到我们的日常生活中，成为成语或习惯用语，如"龟兔赛跑"、"狐狸吃下列葡萄说葡萄酸"、"狼来了"、"乌鸦和狐狸"等等，丰富了我们的语言。

《伊底帕斯王》

古希腊是人类文明的发源地之一。古希腊人创造的艺术成就是人类文明发展史的高峰。出现在西元前六～五世纪的古希腊戏剧，真正翻开人类戏剧中的篇章，并写下了辉煌的第一页。以伊思奇勒斯、沙弗克力斯和尤里庇狄思为代表的古希腊悲剧诗人，对西方戏剧的发展有着深远的、不可磨灭的功绩。

沙弗克力斯（约西元前496～前406年）是古希腊三大悲剧诗人之一，生活在雅典最繁荣的时期，他的作品反映了雅典民主政治极盛时期的思想。他塑造的悲剧人物丰富多彩，悲剧形式也趋于完善，他的创作标志着希腊已进入成熟阶段。

沙弗克力斯受过很好的音乐和诗歌的教育，他28岁时第一次参加戏剧比赛，就击败了被后世称为"希腊悲剧之父"的伊思奇勒斯，得了头奖。沙弗克力斯是希腊悲剧家中得奖最多的一位，一共得了24次头奖和次奖，从没得过第三名，大约距他第一次夺冠之后27年，才输给了尤里庇狄思。沙弗克力斯一生共写了130部作品，但流传下来的只有七部，其中以《安戈提涅》和《伊底帕斯王》最为杰出。

《伊底帕斯王》是沙弗克力斯的代表作，亚里斯多德曾给予它很高的评价，称它为"十全十美的悲剧"。故事从伊底帕斯追查凶手开始，结果发现凶手就是自己，是他无意中杀了自己的亲生父亲，并且娶了亲生母亲，而这一切都早已显示在神谕之中。后来奥地利著名心理学家弗洛伊德表示，"恋母"的"伊底帕斯情结"这一术语就是出自《伊底帕斯王》这出悲剧。透过这个悲惨的故事，诗人表

169

达了人与命运的冲突，表达了人无法逃脱命运的罗网这个主题。人对命运所做的一切反抗都是徒劳的，就算是已经预知了它的轨迹，也无法改变最后注定的结果。诗人既相信命运，又对伊底帕斯深表同情。当真相大白时，伊底帕斯刺瞎了自己的双眼，自我流放，但他对命运的坚决反抗仍然值得赞美。这种对于命运的合理性的怀疑，正反映了处于浓厚民主意识氛围中的古希腊人民对自由的向往。

沙弗克力斯是怀着自豪与崇敬的心情来歌颂伊底帕斯这样一个敢于与命运搏斗的英雄人物的。同样，后人也十分崇敬这位伟大的戏剧家。西元前406年，诗人去世之时，雅典和斯巴达正在进行战争，交通受阻，诗人的遗体不能归葬故乡。斯巴达将军听说这位伟大的诗人死了，特别下令停战，让雅典人埋葬诗人，诗人的坟墓上立着一个善于歌唱的人头鸟的形象。

《莎士比亚全集》

在西方世界，一般人必修的两本书，一本是《圣经》，一本就是《莎士比亚全集》。1984年选举世界十名伟大作家，莎士比亚（1564~1616年）名列第一。这些都说明莎士比亚是有史以来最负盛名的作家。他被誉为"奥林匹亚山上的宙斯"，他的戏剧已被公认为是不可企及的典范，难怪英国有句谚语："宁可不要一百个印度，也不能没有莎士比亚。"虽然这话有浓厚的殖民色彩，但莎士比亚的重要性也可见一斑。

但这样伟大的作家生平资料所留极少，以至于有人怀疑是否有此人的存在。

在此问题上最有影响的是"培根说"。有人推测出这些剧作可能是培根所写，因为不屑于让自己的名字扯进演戏这种低级职业，就花钱租用了一个叫莎士比亚的乡巴佬的名字。支持这种说法的有马克·吐温和精神分析学的创始人弗洛伊德。

有人在莎士比亚第一对开本中测出培根用密码说明他的手稿藏在威河河床下。1911 年，人们真的将这条河床翻了个底朝天，结果一无所获。最耸人听闻的还是"马洛说"。马洛是与莎士比亚同时代的一位才子，在一次决斗中死去。文化界有人认为他用死成全了莎士比亚。美国著名戏剧家霍夫曼据此推测马洛并未死去，死的是一个替身。真的马洛逃往国外，后来潜回朋友华星汉家继续写剧本，华星汉墓中必藏有马洛原稿。在英国政府允许下，他在 1950 年和 1976 年两次挖开华星汉墓，均一无所获。霍夫曼至今仍在四处挖墓以证其说。

莎士比亚留下两首长篇叙事诗，154 首十四行诗和少数维诗，以及 37 部震撼舞台的戏剧。这已足够奠定他在文学史上不朽的地位。打开莎士比亚戏剧集，如同打开百宝箱，使人眼花缭乱。书中处处迸发出智慧的火花，闪烁着艺术的光芒。莎士比亚作品为你展开的世界，似乎遥远，可出现的人物并不陌生，他们的思想、感情、行为、生活、道德观念，也非是隔世的，他们的喜怒哀乐，仍然激荡着我们，整部戏剧集中最令人热血沸腾的，是莎士比亚挥舞着个性解放的文艺复兴大旗向封建、宗教等堡垒发动的一次次酣畅淋漓的进攻，将蒙昧一次次斩于马下。人物形象塑造是莎士比亚对人类文化宝库所做的最杰出的贡献。他创造的戏剧人物类型广泛、数量众多，有名有姓者达七百余人，其中哈姆雷特、罗密欧、朱丽叶、奥赛罗、夏洛克等不朽的典型已被列入世界文学的艺术走廊。莎士比亚笔下的人物注重个性化、复杂化，透过人物行动、内心独白来多角刻画。这些已成为后来剧作必不可少的手段。情节设计上他注重多层次、多线索、悲喜结合，使剧本生动活泼，不落俗套。在注重情节安排的同时，莎士比亚对结构要求极严，几乎每个剧本都可用开端、发展、转折、高潮和收场等五部分的正规布局加以分析。莎士比亚还是一个杰出的语言大师，他在戏剧语言追求口语化的同时，融入诗的优美，创造出生动的意象、美妙的韵律，开一代风气之先。当代英语中有许多词汇、短语、用法、谚语、格言都是从莎士比亚那里继承下来的。1953 年出版的《牛津名句词典》中莎士比亚占 65 页。据七十年代计算机统计莎士比亚全部词汇量达 29066 个。从这些数据中足可看出莎士比亚语言的丰富性。

莎士比亚戏剧自诞生以来，影响了整整四百年的文学发展。美国著名诗人艾略特说过："莎士比亚批评总是随着世界的变化而变化。"与莎士比亚同时代的著名作家本·琼生就赞颂莎士比亚是"时代的灵魂"，说他"不属于一个时代而属于所有的世纪"。俄国伟大的批评家别林斯基则赞扬莎士比亚作品的意义和内容"像宇宙一样伟大和无限"。马克思、恩格斯称他是"最伟大的戏剧天才"，号召作家创作要追求"莎士比亚化"。在西方世界，莎士比亚与荷马、但丁和歌德并称世界四大诗人，其中莎士比亚稳坐第一把交椅。四百年来，除伏尔泰、托尔斯泰对莎士比亚表示不满外，所有的文学家都在赞颂之余努力借鉴、学习莎士比亚的戏剧，其研究更分成众多学派。如借用弗洛伊德精神分析学说来进行研究的心理批评派，他们提出了诸如哈姆雷特有恋母情节，《威尼斯商人》中安东尼奥是同性恋等观点。莎士比亚戏剧还影响了其他艺术形式的发展，许多音乐家从莎剧中吸收灵感，创作出一首首旷世杰作，其中有许多伟人的名字：贝多芬、李斯特、莫扎特、施特劳斯、舒伯特、门德尔松、柴可夫斯基。绘画史上更出现过"莎士比亚走廊"的专门学派。歌剧方面比较著名的莎剧至 1970 年已有两百多部，电影方面更拍摄了六百多部莎士比亚电影。其中《哈姆雷特》共有八个国家拍出了 22 部。1949 年获奥斯卡五项大奖的就是电影《哈姆雷特》。莎剧也是最为中国人所熟悉的，据资料证明，1842 年就有了用满文译成的《马克白》。在新文化运动中，莎剧最早被引进，成为启发人们反封建的有力工具。

如今，莎学已成为一门世界性的学问，被誉为世界学术的奥林匹克。莎士比亚研究机构遍及世界各地，莎剧已被译成七十种文字，仅次于《圣经》，他的戏剧在近百个国家和地区上演，研究莎士比亚的学术专著浩如烟海。只在英语中，1983年统计当年共出3219种。如今所有大学都开设了莎士比亚课程，1980年新加坡教育长因宣布以东方文字代替莎士比亚文字，从而掀起一场轩然大波，在人们抗议声中，他被迫辞职。另外，莎剧光在美国每年就能卖出一百万册，足见销量之好。

综合上述，没有任何一个作家像莎士比亚一样，在世界文化生活中有着如此广泛的影响和享有这样崇高的荣誉。莎士比亚故乡上空飘扬着一〇五个国家的国旗，以示对这位伟大作家的敬意。莎士比亚的确不属于一个时代而属于所有世纪，属于全世界。

《论人生》

弗朗西斯·培根（1561～1626年），英国著名的哲学家、文学家，对于近代唯物哲学及科学的思想方法有重大贡献，马克思曾给予他其极高的评价，称他为"英国唯物主义和整个现代实验科学的真正始祖"。培根传世的代表作有《新工具》、《学术的复兴》、《论人生》等，其中《论人生》是培根毕生之力所写就的一部人生随感作品。

培根1561年1月22日出生于伦敦的一个贵族之家，其父是女王的掌玺大臣。培根十二岁时进入剑桥大学三一学院学习，由于对当时所设课程不满，只在学院待了三年。15岁时，培根成了英国驻法国大使的随员，回国后不久，又当选为议会议员，后来成为女王的特别法律顾问。但以后受到政敌的排挤，在仕途上一直没有发展。

1597年，培根的《论人生》问世，当时只有十篇文章，原本是一本献给其兄长的小书。但出乎他意料之外，该书问世后回响颇佳，于是培根决心继续写下去。

1607 年，新任英王终于发现了培根的才华，将其擢升为法部次官。培根从此青云直上，最终成了英格兰大法官，并被封为子爵。这期间，《论人生》又出了两版，文章增加至 38 篇，原有的一些文章也被大幅度地加以修改。

1621 年，培根被控受贿，审判后被撤销一切官职，并罚金四万英镑，还被监禁在伦敦塔中，但时间不长。以后，法庭虽然将四万英镑罚金退还给他，但他从此一蹶不振。1625 年，《论人生》终告完成，共收录 58 篇文章，但问世后不久，培根便与世长辞了。

《论人生》的创作过程几乎伴随着培根一生全部的不幸经历，它最全面地包容着培根的思想与情感。他对这本书特别重视，每篇文章都曾修改数遍，晚年更将其置于枕侧，不时加以增删，故《论人生》被誉为是英语文学中最为经典、最为精炼的著作之一。

虽然历代以来，后人对培根在道德方面非议甚多，特别是对他晚年受贿一事，指责他有"伟大的思想、渺小的灵魂"，但培根对此只承认接受过不正当的"馈赠"，却从未有过枉法行为。在贿赂横行的当时英国政治环境中，培根的行为虽然称不上检点，但还不算犯法，他不过是一位与世沉浮的道德平庸者。这并不妨碍他成为一个伟大的思想家及享有的历史地位，更不会影响今天人们对他的《论人生》的评价。

《鲁滨逊漂流记》

《鲁滨逊漂流记》是 18 世纪英国著名作家狄福受一个苏格兰水手海上历险的经历启发而成。狄福在此书中描写了人对自然的挑战，写成一部十分有趣、雅俗共赏、老少爱读的名著，为此，狄福博得了"英国和欧洲小说之父"的称号。

现实中的狄福就像鲁滨逊一样有着非凡的传奇经历。狄福

（1660～1731年）生在伦敦，父亲是屠夫。狄福经营过各种行业，也参与当时的政治斗争，甚至为政客们充当秘密情报员。他是那个时代最不安分守己的一个。他像无孔不入的水银一样到处冒险。这些冒险曾给他带来荣誉和声名、金钱与地位。他曾做过皇家高级顾问。但也曾让他三度饱尝铁窗之苦，几次经历逃亡艰辛。在经过几次起伏之后，狄福已厌倦了政治和金钱。在年近六十之际他开始写《鲁滨逊漂流记》，却大获成功，成为英国小说的开山人。

除《鲁滨逊漂流记》外，狄福还创作了很多作品。小说类有《辛格尔顿船长》、《摩尔·弗兰德斯》等。还有一些传记、游记。《鲁滨逊漂流记》是其中最杰出的一部作品，它流传极广。与现代侦探小说一样，整本书的情节精确地按扉页上的梗概展开，详细地叙述了主人翁鲁滨逊海上冒险的经历。如今，它已在世界文学史上永远占有一席之地。在二十世纪前，这部小说已出版翻译或模仿本至少达七百个版本，而且此数字还在不断增加。

《鲁滨逊漂流记》的魅力究竟何在呢？表面看来它只是以其冒险生活情节吸引读者，但更深层的意义正如英国文学史家艾伦所认为的，该小说是一部包含每个人生活的寓言："说到底，我们每个人都是孤独的，都遭受孤寂的折磨。狄福描述了这种孤独，把鲁滨逊和上帝一起抛到了荒岛上。因此，《鲁滨逊漂流记》其实是描述了一种普通人的经历感受的寓言故事，因为我们都是鲁滨逊，像鲁滨逊那样孤独是人的命运。"

此书最大的艺术成就，就是在世界文学中塑造了第一个资产阶级正面典型形象。鲁滨逊所处时代正是资本主义四处扩张的时代，在他身上概括了资产阶级上升时期富于冒险、充满野心、百折不回的顽强毅力和一种斗志。因此，鲁滨逊很自然地成了中小资产阶级心目中的英雄。他出身不好，文化程度不高，但他有较丰富的生活阅历。他有一股压抑不住的冒险进取精神，他白手起家的传奇经历，是每一位不甘于平庸生活的年轻人的梦想。流落荒岛后，他不是听天由命、坐以待毙，而是发挥自己全部才智，不断用自己的劳动改善自己的伙食和居住条件，从无到有，从少到多，从粗到精，创建了自己的王国。他以劳动成为自然的主人，从而引起人们对他的热爱。本书另一个艺术成就就是它的真实性和具体性。在英国文学中，这是第一部现实主义的小说。作者在序言中曾强调指出："这本书完全是事实的记载，毫无半点捏造的痕迹。"狄福的技巧在于把假想的事物写得栩栩如生，准确生动和细致地写出各种事物和现象的特征。这也与他自己是早期英国第一流人的身份有关，读者完全将故事误以为真。

本书不仅使读者感到真实具体，而且使读者感到亲切。这与狄福写作技巧有关。他采用了第一人称和回忆录的形式，用日记的穿插生动地记下了人物内心的感受和对事物的思考。文体简朴、明晰，语句通俗、浅显，他特别强调文章要有简明的风格，正因如此，本书才能广泛地在群众中流传。

《鲁滨逊漂流记》的影响是巨大的，它不仅为狄福赢得了近五百个头衔，而且各种译本、仿作出了近七百种。我们所熟悉的《格列佛游记》就是仿作中的精品，此书还是西方青少年最喜爱的一部小说之一。卢梭在《爱弥儿》中就将它作为爱弥儿十五岁时的必读书。就这样，它成为教育史上的里程碑。此书也引发了许多伟大哲人的思考，马克思和恩格斯在他们的各种著作中，数次引用鲁滨逊的故事来说明资产阶级的本性。当然，对于广大群众来说，此书也是一部最受欢迎的纯消遣读物。

《格列佛游记》

《格列佛游记》是世界讽刺文学中一部杰出的作品，自出版以来就受到世界人民的喜爱，特别是大人国和小人国的故事更是家喻户晓、妇孺皆知。伏尔泰、拜伦、高尔基、鲁迅都非常推崇这部讽刺杰作。它不仅是英国文学中一部伟大的讽刺小说，也在世界文学史上揭开了光辉的一页。

约拿旦·斯威夫特（1667~1745 年）是英国十八世纪前期优秀的讽刺作家和政治家。他出生于英国统治下的爱尔兰的一个贫寒家庭，是一个遗腹子。在亲友的帮助下勉强大学毕业。由于生活所迫，他曾先后做过乡村牧师以及贵族的私人秘书，社会地位低下，过着痛苦和屈辱的生活。但是，斯威夫特一生追求真理，不畏强权暴力，从不为名利所动，此一性格使他对社会黑暗嫉恶如仇。他的成名作是《无稽之谈》，这部讽刺佳作奠定了他在英国文坛上的声誉。英法战争期间，他的反战文章无情地揭露了英军总司令的贪污行为，举国哗然。结果总司令被撤职，英法签订了和约。当时被称作"斯威夫特和约"。有人评价道："斯威夫特曾一度控制了英国的政治舆论……智慧和真理的结合，具有权力无法抵抗的力量。"晚年他还抱病领导了爱尔兰人民反抗英国殖民统治的运动，成为爱尔兰人民的民族英雄。正是在这场运动中，斯威夫特写成了令他名垂后世的《格列佛游记》。1745 年，重病缠身的斯威夫特在首都柏林去世。

《格列佛游记》的构思源于 1720 年斯威夫特在伦敦与朋友的一次聚会。

这时正是英国殖民者对爱尔兰人民的剥削更加残酷之际。斯威夫特谈到当局种种贪婪无耻的行径，觉得十分可笑，便在开玩笑中，信笔开始了《游记》第一卷的创作。开始创作后，斯威夫特逐渐认识到全面揭露英国当局残酷统治的必要，便以严肃的态度将各种社会问题引入小说。经过无数次的增删修改，小说于 1725 年完成，第二年匿名发表。

小说的主题非常深刻，透过格列佛在小人国、大人国、飞岛、巫人岛、贤马国的奇遇，反映十八世纪前期英国社会的一些矛盾，揭露批判了英国统治阶级的腐败与罪恶，以及英国资产阶级在资本主义原始积累时期的疯狂掠夺和残酷剥削。斯威夫特运用天才的想象，采用幻想的，包括神话式、童话式，甚至是魔幻式等种种超现实的手法，创造了一个个光怪陆离的梦幻世界。以格列佛的游程穿插其中，用虚构的情节和幻想的手法刻画了英国社会中上至国王，下至地方贪官污吏和御用文人的各类人物，更集中、更强烈地反映了现实，使人并无虚幻之感。幻想和现实的统一，用超现实手法反映现实矛盾，是这部讽刺杰作的最大特点。小说中多种讽刺手法的运用，如象征影射、巧妙对比、适度夸张、反语相讥，使人读来痛快淋漓，拍案叫绝。

《格列佛游记》一经发表，就在英国社会引起了轩然大波。人们争相购买传阅。二百多年来它被译成几十种语言，在世界各地广为流传，小人国、大人国的故事更是家喻户晓。它在继承薄伽丘、拉伯雷、塞万提斯等人的讽刺艺术传统上，进一步丰富了讽刺小说的艺术手法，成为讽刺文学的一个里程碑。对于后世的影响可谓长久而深远。后世进行讽刺文学创作的小说家，无不借鉴《格列佛游记》高超的讽刺技巧，从这个意义上说，斯威夫特是无法被时代淘汰的。另外，对于中国来讲，《格列佛游记》是最早被介绍给中国读者的西方名著。1872 年被译作《谈瀛小录》登载于《申报》，很快便以它独具的讽刺艺术征服了读者。《镜花缘》、《老残游记》都曾受其影响。鲁迅对它更是推崇备至，把它誉为绝品。

《拜伦诗选》

乔治·戈登·拜伦（1788～1824 年），是英国伟大的浪漫主义诗人。拜伦是一个复杂的人——他既是才华横溢的诗人，又是勇敢无畏的斗士；他在疆场上叱咤风云，又在情场中流连忘返；他被人广泛地模仿着，又被人广泛地排挤着。歌德曾赞美他是"十九世纪最伟大的天才"，普希金则称颂他为"思想界的君王"，还有人说，拜伦是"浪漫主义诗人中最'现代'的一个"。

拜伦出生于一个破落的贵族家庭，十岁时他继承了家族的爵位和领地，成为第六世勋爵，其领地所在正是英国最大的工业中心之一诺丁汉郡。他天生跛足，由于治疗不当而愈来愈糟，这个终生缺陷使他异常敏感和痛苦。为了与显赫的身份相配，拜伦先后进入哈罗公学和剑桥大学学习，但他对这两个贵族学校没好感，在那里，他一方面广泛阅读各国的文史哲著作，一方面过着闲散放荡的年轻贵族的时尚生活，还结识了一些对他日后有深远影响的自由主义者。

20 岁前后，拜伦到欧洲大陆和地中海沿岸的一些国家游历了两年，回来以后便开始进行政治活动，以一个反对派的面目出现在上议院里。*1815* 年，他与密尔班克小姐结婚，这段不幸的婚姻是拜伦一生中最大的错误，为早就仇视他的贵族阶层提供了报复的契机，一时间流言四起，迫使诗人于 *1816* 年离开了英国，从此再未回过故乡。

在瑞士，拜伦与另一位诗人雪莱结下了深厚的友谊。*1817* 年到 *1823* 年，拜伦客居意大利，这是诗人毕生创作最辉煌的一个时期。当时的希腊正处于土耳其帝国的黑暗统治之下，拜伦决定去希腊参加反土耳其统治的民族解放运动。*1823* 年夏天，他乘坐自己出资的战舰驶往希腊。第二年，在沼泽地患热病去世。他逝世的四月十九日被希腊人民宣布为国哀日。

拜伦的诗歌创作与他一生的经历密切相联，其作品无论从数量上还是类型上都很丰富，在全世界产生深远影响。

《雪莱诗选》

《不列颠大百科全书》给珀西·比希·雪莱加了长串的头衔："诗人、小说家、哲学家，散文、随笔和政论作家、剧作家和改革家"。这或许可以从一个侧面反映出，雪莱在他短暂的一生中给世界带来了何等的影响！雪莱与拜伦是同时代的浪漫主义诗人，不仅诗名相齐，他们的生活经历也颇有几分相似。

1792 年，雪莱出生在英格兰一个贵族家庭。他从小聪颖，八岁就能写诗，《雪莱诗选》中第一首《猫》即当时的作品。与此同时，他的叛逆性格也颇为明显，在伊顿公学期间，英国著名启蒙思想家威廉·葛德文的《政治正义论》给了他十分重要的影响；进入牛津大学不到半年，他就因为写作和刊发小册子《论无神论的必然性》而被开除。不久，他又出于同情娶了受家庭虐待的哈丽雅特，被父亲逐出家门，从此成为英国上流社会排挤的对象。

这时他开始积极参与爱尔兰反英国殖民统治的斗争；1812 年，第一部长诗《麦布女王》问世。夫妻之间却因志趣不合产生矛盾，雪莱与他妻子离了婚，这种在当时大逆不道的举动，招致无休止的责难和迫害。1818 年，他发表了著名长诗《伊斯兰的起义》后，愤然离国，漂泊于地中海等地。

在意大利度过最后的岁月里，诗人写下了许多不朽之作，如诗剧《解放了的普罗米修斯》，长诗《暴政的假面游行》、《自由颂》、《阿多尼》，还有一系列短篇抒情诗，如《给英格兰人的歌》、《西风颂》、《致云雀》、《云》等，多数收入《雪莱诗选》中。1822 年，雪莱泛舟出海，被巨浪吞噬了年轻的生命。

雪莱自己说："我的写作既不图利也不求名。写诗并加以发表，不过是我的手段，目的则在于传达我和他人之间的同情；而这种同情正是我对于同类的强烈无边的爱，激励我去争取的一种感情。"唯其如此，雪莱的诗作和雪莱的精神，才影响了各国一代又一代的勇士们，朝着光明与爱不断前行，直至如今。

《傲慢与偏见》

《傲慢与偏见》是英国女作家简·奥斯汀（1775～1817 年）的

代表作。小说围绕着班奈特太太如何把五个女儿嫁出去的主题展开故事。男主人翁富有而且骄傲，代表傲慢；女主人翁年轻而任性，代表偏见；最后，爱情终于打破了这种傲慢和偏见，小说在结婚典礼中结束，奥斯汀在这部小说中饶有风趣地反映了 18 世纪末、19 世纪初英国乡间的风俗人情，衬托出那个社会的闭塞与停滞，给人以艺术的想像，是一部社会风俗喜剧佳作。

奥斯汀出身于英国乡村的一个牧师家庭。她从未接受过正规教育，但却从小博览群书。她以一个女性的敏感观察着这个世界，17 岁开始写作小说，但一直未发表。等到第一部小说《理智与情感》问世时，她已 36 岁。她发表作品都是匿名，只有 1817 年她去世后，两部遗作《诺桑觉寺》和《劝导》才署上她的真名。她的其他作品还有《爱玛》、《曼斯菲尔德庄园》等。在现实生活中，奥斯汀终身 未嫁，一辈子过着独身生活。周围的村民从未意识到她小说家的身份，奥斯汀也有意隐瞒。她只有在没人时才伏在一张小桌上写作，而一旦外面有响动，她便急忙收好稿子，装作整理家务的样子。为此，她还特意准备了吸墨水纸，以便把刚写在稿纸上的字消去，她房间的门一开便会嘎嘎吱吱地响，但她从不让人给门上的折页上油，因为这正是很好的报警器。如今，她的住所已成为一个博物馆，那扇会响的门仍保存着，表达人们一种崇敬之情和独特的纪念方式。

《傲慢与偏见》是奥斯汀作品中最受欢迎的一部长篇小说，也是她本人最喜爱的作品。她说这是她的"宝贝儿"。它描写中产阶级男女的爱情与婚姻。在奥斯汀之前，18 世纪后期的英国小说中有一股女性感情潮流，充满伤感情调和忧郁嗜好，奥斯汀则在此书中运用喜剧手法表达对生活的严肃批评，探索女主人翁伊丽莎白从恋爱到结婚中自我发现的心理历程。她提出了新的婚姻观，即为财产打算的婚姻是不幸福的，结婚只考虑财产是愚蠢的，讲究门第的包办婚姻不堪忍受，把婚姻当儿戏毫不足取，理想的婚姻要以感情为基础。

正因此书反映的新型婚姻观更接近现代生活，这就使《傲慢与偏见》一书的思想成就卓然，超越了同时代的爱情小说。

这部小说的艺术成就也很具代表性。奥斯汀是一位不动声色的讽刺大家，她选择日常生活中的琐事作为嘲讽对象，而从不关注时代巨变或是社会纷争。这一点曾引起很多评论家的非议，但正因为她将她所熟悉的生活用精雕细琢式的写作技巧表达出来，才显示了她独特的创作风格。正如她自己所说："我不可能一本正经地坐下来写一部一本正经的浪漫题材的作品。假如我必须这么做，为了不至于使我轻看自己或轻看其他的人，我相信在写完第一章之前我会上吊自杀。我必须保持我的写作风格。"奥斯汀还善于挖掘人物，特别是女性的内心世界，用委婉而优美的语言将其表达出来。同时值得注意的是作品的喜剧情调：奥斯汀用她那高超的智慧和幽默感，对各种丑恶现象进行无情讽刺。措词的幽默、构思的精巧，都使这本书达到了很高的艺术深度，作品还成功塑造了伊丽莎白这一可爱的女主人翁的形象，此外，作品结构匀称，其情节安排跌宕起伏，展示了奥斯汀的写作天赋。

简·奥斯汀是一个以现实描绘日常平凡生活中平凡人物见长的小说家，在英国文学史上有着承上启下的作用。《傲慢与偏见》的第一稿曾遭退稿，但它一经发表，便引起了很大的轰动。正如同时代著名诗人司各特所言："我至少是第三遍，重读了奥斯汀小姐大手笔的创伤小说《傲慢与偏见》，在描写人们日常生活中各种错综复杂的琐事、内心情感和人物性格方面，这位姑娘很有才能。这种才能是我所遇到过最令人感到赏心悦目的。若是写一些虚张声势的文章，我可以和一般人一样动动笔。可是要我以这样细腻的笔触，把那些普普通通的事情和人物刻画得惟妙惟肖，这确是我力所不能及的。"《傲慢与偏见》除以它精雕手法和讽刺天才给予十九世纪乃至现在许多作家刺激外，还成为当时妇女的必读佳作，成为她们选择爱情的标准。这部小说后来还被改编为戏剧、电影。毋庸置疑地，奥斯汀的《傲慢与偏见》在世界文学史上已名列经典行列。

《简·爱》

《简·爱》问世之后，女主人翁简·爱的声名比起它的作者要大得多。然而，人们同时普遍认为《简·爱》是其作者夏绿蒂·勃朗特"诗意生平"的写照，是一部具有自传色彩的作品。

夏绿蒂·勃朗特（1816～1854 年）是著名的勃朗特三姊妹作家之一，而三姊妹中又以艾蜜莉·勃朗特和她最为出色，她们的名字和勃朗宁夫人一起，构成那个时代英国妇女最高荣誉的完美代表。夏绿蒂出生于英国北部偏僻山区的一个贫寒的牧师家庭，早年丧母，父亲无力抚育六个子女，便将女孩子们送到半救济性的寄宿学校去，夏绿蒂留校任教两年后外出任家庭教师，这些经历在《简·爱》中都可以找到相应的叙述。她自小酷爱文学，深受法国浪漫主义文学的影响。重要作品还有《雪莉》、《维莱特》、《教师》等。她的情感生活还没有简·爱的充满传奇性，到 38 岁才与父亲的副牧师结婚，婚后过了短暂的幸福生活，次年便去世了。

由于十九世纪的英国对妇女从事文学创作仍有极大的偏见和抵制情绪，在发表《简·爱》时，夏绿蒂不得不使用一个男性化的化名柯勒·贝尔，《简·爱》得到广泛欢迎后，对这位作家性别的猜测，一时间也成为热门话题，当时已驰名文坛的萨克雷一眼看出："它是一个女人写的，但她是谁呢？"而当时一篇从道德思想方面猛烈攻击《简·爱》的评论也这么断言："除了一个女人，谁肯冒极少成功希望的风险，写满八开本三大卷来讲一个女人的心史？"夏绿蒂之所以用男性化名发表自己的杰作《简·爱》，是由于她深感在英国没有女作家的地位，然而《简·爱》的意义不仅在于使英国文坛发现了夏绿蒂·勃朗特，而是使全世界千千万万的女性从女主人翁简·爱身上找到了追求平等与自立的精神资源。

《简·爱》选择了一个确实令人感兴趣的浪漫主义的情境。简·爱这个其貌不扬的年轻姑娘，从小是孤儿，在慈善学校受教育，当她走入社会时，却处于低人一等的从属地位，她接触到自己所欣赏和希冀的种种事物，但命运却不允许她得到这一切；末了，她透过爱情，完满地走进了生活。《简·爱》还是以爱感动人心的，对于一位"灰姑娘"式人物的奋斗史的刻画而取胜的。它具备了一部出色的小说所应有的素质：诗情画意、激情、生活知识。故事有一种自然展开的、始终不渝的趣味、紧紧地抓住你注意力不放，加上受哥特式小说的影响，所具有的那种神秘的气氛，更使读者的想象欲得到相当的满足。女主人翁简·爱的形象非常独特，可以说一反传统小说妙龄佳人式的描写，她苍白、矮小，一点儿也不美，带点天才的味道，又带点儿悍妇的味道，有着不平凡的气质和丰富的感情体验能力。简·爱始终追求个人的独立性，哪怕面对男主人翁罗切斯特如幻如神的爱情之箭，她也顾及传统的道德藩篱。她闯进这个秩序井然的世界，向它的原则挑战，同时也时时梦想建立一个田园中的安定家庭。相应地，罗切斯特就被塑造成这样一个矛盾女人幻想中的形象，他强悍而又温柔，暴烈而又通情达理，在关键的时候，他总是主动寻求与简·爱达到精神上的合契。得到罗切斯特，是简·爱一个理想的实现，可贵的是，在这个过程中，简·爱一直以其精神和道德上的美感力量来吸引罗切斯特的注意。一百多年来，无数人阅读《简·爱》这本书，无疑也是同样的原因，谁能抗拒如此话语的诱惑："我们是平等的……，至少我们通过坟墓，平等地站到上帝面前。"它几乎成为全世界能阅读小说的妇女必读的经典之作，也跃入了世界文学知名作品的行列。

《呼啸山庄》

艾蜜莉·勃朗特生前寂寞，和姊姊夏绿蒂一样，是个没见过多大世面的英国北部小郡牧师家的女儿，凭着幻想与激情写作，她也用一个男性化的笔名"埃律斯·贝尔"发表作品。可是，当她的《呼啸山庄》继姊姊的《简·爱》问世后，却没能像《简·爱》那样得到热烈的回应，相反地，它遇到了普遍的冷淡和几篇严厉贬抑的评论；有一篇刻薄的评论甚至说："是哪一个人写出这样一部作品来，他怎么写了十来章居然没有自杀？"这是一本可怕的、令人痛苦、强有力而又充满激情的书，这与它年轻的作者本身的性格与才华不无关系。

艾蜜莉（1818～1848年）自小内向，缄默又总带着几分男性自居感，诚如夏绿蒂所说的："她比男人还要刚强，比小孩还要单纯，她的性格是独一无二的。"在少女时代，当她和姊妹们阅在家里"编造"故事、写诗的时候，她就显现出一种内涵更深的倾向，收录在她们诗歌合集（此书初版仅售出二册）中艾蜜莉的作品总是如同波德莱尔或爱伦·坡那样困惑于恶这一问题，在那纯洁的抒情风格之间，总徘徊着死亡的阴影。到《呼啸山庄》动笔时，这种困惑与不安变得不可忍耐，她迫切需要创造一个虚构的世界来演示它，把自己心底几近撕裂的痛苦借小说人物之口倾吐。

所以，放在我们眼前的这一部《呼啸山庄》显得与众不同。它狂放不羁的浪漫主义风格源自于人物"爱"与"恨"的极端冲突，而在斯克立和凯瑟琳这对旷世情侣身上，极度的爱中混合着极度的恨，失去凯瑟琳使斯克立成为一个复仇狂。再者，作者把故事背景放置在一个封闭的小社会——两个山庄，和开放的大自然——荒原之中，整个小说的情境就格外地"戏剧化"，阴冷而暴力，神秘怪烈又隐含着神圣的温情。

其次，女作家放弃了那种从头说起，原原本本的叙事手法，十九世纪的女作家，像她姊姊写《简·爱》，奥斯汀写《傲慢与偏见》，所采用的是这样一种易于为大众接受的传统手法，艾蜜莉则为了讲清楚发生在两代人身上的复杂故事，别出心裁地采用了当时少见的"戏剧性结构"，借用了一位闯入呼啸山庄的陌生人洛克乌先生之耳目，从故事的中间切入；这时候，女主人翁凯瑟琳已死去，斯克立正处于极度暴虐地惩罚两家族的第二代的时候，这就设置了一个巨大的悬念，使读者急于追索事情的前因，又时时关注着人物未来的命运。当然，对于当时读惯古典小说的人们来说，接受这种叙事手法是有些吃力的，以至于有人指责此书"七拼八凑，不成体统"。

《呼啸山庄》深层次的主题是什么，现在，多数人认为是对于人性的探索，洛克乌先生到来时所做的噩梦，可谓是开启故事主题的钥匙，那是人性的冻结，之后三十年旧事的倒叙正说明人性堕落的过程，而最后四章，则顺叙了人性的复苏，斯克立终于悟到了无止境的报复只会带来糟糕的结局。小说基本上在讲述恶的过程中最终发现了善的可能。

在当时的文坛，艾蜜莉远远地走在人们之前。直至那个世纪结束后，才有人一反前说，认为"在十九世纪，《呼啸山庄》是一位女作家所能写出的最好的散文诗"；不仅如此，在本世纪，人们重新阅读与评价勃朗特三姊妹的文学作品时，开始提出：艾蜜莉·勃朗特是"三姊妹中最伟大的天才"。《呼啸山庄》也成为西方学者们欲琢磨个究竟的一块玉石，笼罩在它身上的百思不得其解的谜面背后，那丰富的答案将渐渐被解释开来；毕竟，它是部可读性很强的天才之作，而非是云雾团里的"天书"。

《草叶集》

抒情诗集。美国诗人惠特曼著，1855 年出版。它歌颂民主自由，反对奴隶制度和民族压迫；倡导人类平等，谴责资产阶级的残酷贪婪；颂扬劳动人民的创造精神，赞美大自然；并提出了关于大同世界的社会理想。如《为你，啊，民主哟!》、《大路之歌》、《思想》、《致政府》、《从巴门诺克开始》、《大斧之歌》、《欧罗巴》、《向世界致敬》等。《草叶集》创造了美国诗歌的新形式——自由体。打破了传统的格律诗的束缚；在诗的结构上，常使用"同字起句法"以及排句、叠句，因而气势磅礴。

《玩偶之家》

剧本，挪威作家易卜生著，*1879* 年发表。作品通过主人公娜拉逐步觉醒，最后毅然从家庭出走的过程，深刻地说明在资本主义私有制的家庭里，妇女处于极端无权的地位，她们没有经济权，没有支配权，甚至没有独立的人格。但是娜拉出走之后怎么办呢？怎样才能使妇女真正获解放呢？作者没能作出回答，反映了作者的阶级局限性。作者善于在剧情发展中用设问吸引读者，使读者思考讨论，使剧情步步深入，引向高潮。随着剧情充分的展开，及时进行括叙追述，因而情节集中，结构紧凑。此外，作品对细节描写和人物内心变化的刻画也颇具特色。

《马克·吐温短篇小说集》

在美国的文学史上，马克·吐温占居继往开来的重要地位。美国建国后的许多年，作家们几乎都处于传统英国文学的影响之下。马克·吐温打破了这个局面，用美国西部地区的群众幽默、充满美国俚语的口语体及特殊的说故事方式，为美国文学开辟了一个新的创作方向。

马克·吐温的小说大多是对美国社会的辛辣嘲讽。他善于运用极度夸张的手法，把生活中各种丑恶的人、事以及现象放大好几倍，然后呈现在读者面前，让读者去憎恶。他早年的作品风格轻松，讽刺中带有嘲笑的意味；晚年诙谐的成分减少，变得辛辣和冷峻。

马克·吐温的小说在世界各地拥有广泛的读者，在中国也有很高的知名度，他的作品甚至被选入中学的语文教材。值得一提的是，马克·吐温对中国人民有着深厚的情谊，他曾在 1900 年发表演讲，他说："我的同情是在中国那一边，欧洲掌权的盗贼长期野蛮地欺凌中国，我希望中国人把所有的外国人都赶出去。"在那样的年代里，马克·吐温能够发表这样的演讲，是非常可贵的，而这种正直的勇气正是他的讽刺作品能够获得成功的原因之一。

《伪君子》

古典主义喜剧，法国莫里哀所作。剧作描写了资产者奥尔恭收留伪信士做良心导师后，险遭倾家荡产的经过，辛辣地讽刺了天主教会的伪善和欺骗性，深刻而尖锐地揭露了宗教骗子的奸诈、狠毒与丑恶。伪君子达尔杜弗卑鄙、贪婪、狡猾、奸诈、毒辣，是饕餮的饿鬼、好色的淫棍、贪财的骗子手。是 17 世纪法国社会天主教会和封建贵族勾结的黑暗势力的代表。资产者奥尔恭愚昧专横、迷信天主教，愚蠢得不辨真伪，险遭家破人亡之祸。剧结尾让国王惩治恶人，反映作者对封建王权的幻想。作品艺术特色是讽刺尖锐，对比强烈；熔闹剧、传奇喜剧、风俗喜剧等多种喜剧艺术手法于一炉，充分发挥笑的鞭挞丑恶的作用。

《红与黑》

长篇小说，法国作家司汤达所作，1830 年写成并出版。是欧洲批判现实主义文学的奠基作品。它以 1815～1830 年波旁王朝复辟时期的社会生活为背景，通过于连一生的追求、奋斗和悲剧命运的描写，再现了王朝复辟时期尖锐、复杂的阶级斗争，揭露了封建贵族阶级和天主教会的反动本质，充分显示了复辟王朝的黑暗和腐朽，预示了他们末日的到来。于连是出身农民家庭富有才干的青年，他野心勃勃，想从军立业而青云直上，但根本行不通。又想通过教会道路挤进上流社会，从做教师到当秘书，正做着飞黄腾达的美梦，一封告密信使全部计划落空。绝望之余杀了人，被送上断头台。于连的悲剧是社会的悲剧。作者对复辟时期的社会现实进行了无情的谴责和批判。

《巴黎圣母院》

长篇小说，法国作家雨果所作，1831 年写成。它以 15 世纪末的巴黎为背景，描写一个善良、热情、无辜的少女爱斯美拉达，在阴森黑暗的封建专制制度下遭受摧残和迫害的悲剧，控诉了天主教会恶势力的虚伪、狠毒，封建君主的专横、残暴，司法制度的残酷与腐朽，有着强烈的反教会反封建的色彩。小说人物夸张，情节离奇，形象奇特，感情强烈，充满浓郁的浪漫主义气息。

《悲惨世界》

长篇小说，法国作家雨果所作，1862 年出版。它以一个苦役犯的生活经历为主要线索，描绘了 1875 年拿破仑失败到七月王朝初期法国社会政治生活的广阔画面。作者以富有人道主义的笔触，真实地反映了被压迫人民的苦难遭遇和悲惨命运，深刻地揭露了资本主义的黑暗，愤怒地谴责了法律的不公正，热情地赞颂了劳动人民的高尚品质和共和主义者的英勇斗争。小说深切同情下层人民悲惨命运的主题，主要是通过对冉阿让、芳汀、珂赛特等人物形象的塑造来表现的。作品既闪耀着现实主义的光辉，又具有浓厚的浪漫主义色彩。语言高昂、激动、充满热情，具有崇高的史诗般的风格。

《包法利夫人》

长篇小说，法国福楼拜的代表作，1857 年出版。小说通过爱玛为摆脱不幸婚姻的桎梏，追求"巴黎式"爱情而导致毁灭的悲剧，尖锐地抨击了法国贵族、地主、市侩、高利贷者的恶德丑行，深刻揭露资本主义社会鄙俗、猥琐的社会风习及小市民的庸俗性，从而真实地反映了在表面繁荣掩盖下的法兰西第二帝国的黑暗与腐朽。

作者善于借助环境和人物动作来刻画人物性格。语言生动精确，采用比喻等修辞手法。作者笔触犀利，忠实于生活真实的"客观性"，丰富了现实主义的表现手法。

《茶花女》

长篇小说，法国作家小仲马的代表作，1848 年问世。其主人翁玛格丽特，是纯洁善良的农家姑娘，后来被迫沦为娼妓。她与正直纯真的亚芒相爱，因亚芒父亲阻挠而重入卖笑生涯。亚芒误以为她用情不专，羞辱她。玛格丽特终于在孤寂中悲惨地死去。小说深刻地揭示贫苦而沦为娼妓的妇女在资本主义社会所受到的蹂躏和摧残，充分暴露资产阶级的无耻、残暴和道德沦丧。作者对主人公的优秀品质和高尚情操给予热情赞颂。刻画人物内心世界细腻，充满浓烈抒情色彩。情节动人，悬念迭起，扣人心扉。

《浮士德》

诗剧，德国诗人歌德的代表作。第一部 1806 年脱稿，第二部 1831 年脱稿。作品通过中世纪一位饱学的博上浮上德走出书斋投身社会实践，不断追求光明、探索人生、寻找真正幸福的生活过程，表现了上升时期资产阶级积极乐观、自强不息的进取精神，为美好理想而不倦开拓的"有为"精神，显示了人类社会中新兴的进步力量必然走向胜利的客观规律。《浮士德》规模宏大，背景广阔，想象丰富，手法多样；内容博大精深，包罗万象；结构严谨，浑然一体。在人物塑造与情节、场景安排上都善于运用矛盾对比。在写作上诗剧交错，使用现实主义与浪漫主义的手法。

《父与子》

长篇小说，俄国作家屠格涅夫所作，发表于 1862 年。小说以 19 世纪 50 年代的俄国为背景，描写代表不同社会阶级力量的"父与子"两代人的相互关系和斗争，成功地塑造了巴扎洛夫的典型形象，表现了平民知识分子与贵族自由主义者之间的思想冲突。小说的突出特点是回旋式的结构，依次写三家，然后反转再从头写起，但总是集中笔墨刻画主人公巴扎洛夫的形象，使读者觉得情节结构简练明快、朴实紧凑，有较强的艺术效果。

《战争与和平》

长篇小说。俄国列夫·托尔斯泰所作，1869 年问世。小说以1812 年俄法战争为中心，以保尔康斯基、别竺号夫、罗斯托夫和库拉金四个贵族家庭的人物活动为情节线索，反映 1805 ~ 1820 年间的许多重大历史事件以及社会各阶级、阶层的动态，猛烈抨击宫廷显贵，肯定俄国人民和青年一代在战争中表现出来的爱国主义和英雄主义。巨著着重刻画了两类人物：一类是以发西利·库拉金公爵一家为代表的宫廷显贵，他们是作者鞭挞、揭露的对象。库拉金一家集中地体现了贵族社会的道德沦丧和精神堕落，他们远离、鄙视人民，接近宫廷。另一类是别竺号夫、保尔康斯基和罗斯托夫等贵族，作者对他们在俄法战争中表现出来的爱国主义，给予肯定和赞颂，用很大篇幅着重写他们的生活道路和精神探索，他们克服了贵族的傲慢、虚荣，靠近人民，认识到为别人服务是人的主要使命。作品结构新颖宏大，涉及的生活广阔，人物形象生动、丰满，在世界文学中很少与之媲美。作家巧妙地把三家贵族家庭历史与重大历史事件和个人命运有机地扭结于一体。"战争"与"和平"是作品的两个中心，全部材料围绕中心发生发展。心理刻画细腻，人物性格丰富多样，栩栩如生。

《安娜·卡列尼娜》

长篇小说，列夫·托尔斯泰所作，写于 1873 ~ 1877 年。作品由两条平行而紧密联系的线索构成。一条是安娜——卡列宁——渥伦斯基的爱情、婚姻和家庭生活，结果是安娜卧轨自杀。作家极为深刻地揭露了以政府部长卡列宁为首的上层贵族和大资产阶级组成的上流社会的罪恶，正是上流社会的腐败冷酷，造成追求资产阶级个性解放和爱情自由的安娜的最后悲剧。另一条线索是列文——吉提的爱情和生活道路。二人以爱情为基础结为恩爱夫妻，但婚后生活并不万事顺心。列文是个力图保持宗法制经济的庄园贵族，他一边进行道德的"自我修养"，一边积极从事经营改革，企图找到使地主和农民"共同富裕"的道路。这种阶级调和主义改革的失败使他悲观失望。作者让他皈依宗教，领悟人生的意义是"为上帝，为灵魂活着"，反映了作者思想的局限性。这部巨著通过两条线索的交织发展，对行将崩溃的上流贵族社会及日益兴起的资本主义金钱势力的揭露和批判既猛烈又深刻。艺术上的主要特点：结构严谨集中，人物心理分析入微，叙述风格多样，把平稳的描写和浓烈的抒情、辛辣的讽刺和尖锐的对比有机结合。

《老人与海》

"因为他精通叙事艺术，突出地表现在近著《老人与海》中，同时也因为他在当代风格中所发挥的影响"，瑞典皇家文学院将1954年的诺贝尔文学奖授予海明威，为作家传奇般的一生增添了一道新的色彩。

海明威1899年出生于芝加哥附近的橡树园镇。当医生的父亲和当音乐教师的母亲从小就开始积极培养他在文学、艺术和体育方面的素质。第一次世界大战期间，他参加志愿救护队往赴意大利前线。战争在海明威身上留下了空虚、放荡、幻灭的理想和失败的爱情。战后，海明威结识了斯泰因、庞德、乔伊斯等文学家，1926年，他以一部《太阳照样升起》令世人瞩目，成为"迷惘一代"的代言人。此后，他一边继续追欢逐爱的生活，一边接着创作了《战地春梦》（原名《永别了，武器》）等多部小说和小说集。

1936 年，西班牙内战爆发。作家的激情和乐观重新被唤起，完成了他思想上和创作上的转折；1940 年，海明威发表了他一生中"最长的、最雄心勃勃"的小说《战地钟声》。以后的十年，他奔波于世界各地，经历了一个创作的沉默期，而丰富的阅历、开阔的视野使他对人生有了更深刻的认识。40 年代，他还曾来中国报导对日抗战的情况。

《老人与海》是海明威晚年的一部中篇力作，作品的诞生颇富戏剧性：1952 年，《生活》杂志找到了当时正处于创作低潮的海明威，请他为杂志撰写一部小说。随后《生活》杂志以全本杂志的篇幅登出了中篇小说《老人与海》，并立刻掀起一股阅读热潮。让读者感到奇怪的是，杂志并没有同时登出作者的名字。于是，被作品深深征服的人们纷纷猜测这位神秘的作者究竟是谁？与此同时，《生活》杂志分头约请一百位著名人士就这部神秘的作品发表评论——每一位被邀请者均被告知"您是我们邀请的唯一一位对《老人与海》作出评论的人"。一百位评论者对《老人与海》的评价被一一刊出，《生活》杂志又在这些评论中进行了评选……

所有这些举动使《老人与海》引发了人们越来越大的兴趣，一段时间之后，大家才知道这部杰作的作者就是海明威，人们纷纷对这位千呼万唤始出来的文坛硬汉致以最崇高的敬意。《老人与海》这部小说创下了人类出版史上空前绝后的一项纪录：48 小时售出 530 万册！作品在问世的当年就获得了普利兹奖，两年后又获得了诺贝尔奖。

"冰山在海里移动，它之所以显得庄严宏伟，是因为只有八分之一露出水面。"这就是海明威所追求的艺术效果，也正是《老人与海》的艺术价值所在：凝练、深沉、耐人寻味。作者以简洁含蓄的语言在一个单纯的故事里蕴藏了深刻严肃的哲理意义，作品也由此成为文学史上的不朽篇章，并被改编为影视作品广为流传。

整部小说以摄影机般的写实手法记录下了圣地亚哥老人捕鱼的全部过程，再加上恰到好处的象征和内心独白。这一切都表现出一种海明威式的独特美感。故事的主人翁老渔夫圣地亚哥是一个在重压下仍然保持优雅风度的老人、一个精神上永远的不可战胜者，并早已成为人们熟悉的"硬汉"形象。正如美国作家索尔·贝娄所说："海明威有一种强烈的愿望，他试图把自己对事物的看法强加于我们身上，以便塑造出一种硬的形象……当他在梦幻中向往胜利时，那就必定会出现完全的胜利、伟大的战斗和圆满的结局。"

　　尽管老人是如此坚强，尽管《老人与海》为作家再一次赢得荣誉，尽管海明威自己认为："对于一个真正的作家来说，每一本书都应该成为他继续探索那些尚未到达的领域的一个新起点。"但疾病的折磨、身体机能的衰退和超越自我的艰难仍然击垮了他。像他祖父和父亲一样，海明威最后自杀了。《老人与海》出版九年后——1961年7月2日早晨，海明威用一支猎枪结束了自己的生命。

《复活》

　　长篇小说。俄国列夫·托尔斯泰作，写于1889~1899年。作品描写一个天真的农村姑娘玛丝洛娃被贵族青年聂赫留朵夫诱奸后遭到遗弃以致沦为娼妓，后来又被诬陷为杀人犯被判流放西伯利亚的故事，着重表现聂赫留朵夫和玛丝洛娃精神和道德的"复活"过程。小说真实地反映了俄国由封建社会向资本主义社会过渡时期的社会矛盾，揭露了封建统治阶级骄奢淫逸的生活，反映了人民在政治上、经济上所遭受的种种迫害，空前猛烈地批判了贵族地主资产阶级社会的专制制度，揭示出那个时代最迫切最重大的社会问题，深刻地反映了资产阶级革命前夕千万宗法制农民的情绪、愿望和他们所进行的斗争。小说艺术手法上的特点是：细致入微的心理描写、鲜明的对比、辛辣的讽刺和艺术结构的周密。

《飘》

《飘》是美国现代著名女作家玛格丽特·宓西尔的唯一小说作品。它以南北战争时期南方战乱的社会现实为背景，以"乱世佳人"郝思嘉为主线，描写了几对青年的爱情纠葛。自问世以来，这部作品已成为享誉世界的爱情小说。

宓西尔（1900～1949 年）是一位受过良好教育的作家。她生于亚特兰大市，拥有文学博士学位，担任过《亚特兰大新闻报》的记者。1937 年获普利兹奖。1939 年获纽约南方协会金质奖章。1949 年，她不幸被一位喝醉酒的司机开车撞死。她短暂的一生并未留下太多作品，但一部《飘》就足以奠定她在世界文学史中不可动摇的地位。

《飘》是一部描写爱情的小说。宓西尔以她女性的细腻精确地掌握住了青年女子在追求爱情过程中复杂的心理活动，成功地塑造了郝思嘉这一复杂的人物形象。这个人物有时使人觉得很熟悉，有时却又很陌生。有时你能谅解她，有时却觉得莫名其妙，然而你始终都会觉得她很真实，这就是本书最大的成就。郝思嘉年轻貌美，但她的所作所为显示了她残酷、贪婪与自信的性格特征。为了振兴家业，她把爱情和婚姻作为交易，三次婚姻没有一次出于真心。后来她才终于明白她一直念念不忘的卫希礼懦弱无能，倒是自称与她同类的白瑞德值得爱。小说极富浪漫情调的构思、细腻生动的人物和场景的描写以及优美生动的语言、个性化的对白都使整部作品极具魅力，从而确立了《飘》在美国小说史上的重要地位。一部爱情佳作本来就足以令人赏心悦目，而在南北战争的腥风血雨中绽放的爱情之花更是残酷而凄美。几度悲欢离合，情仇交织，情节跌宕起伏，紧紧抓住了读者们的心。美国对于我们来说，本是梦幻而陌生的国度，《飘》却揭开了她温情脉脉的面纱，使我们看见了许多肮脏和美丽并存的事物。这对于新时代的年轻人，可能更具有特殊意义。

《飘》一经出版，便立刻成为畅销书。这部长达一千页的巨著震撼了美国。半年内销售量达 100 万册，到 1949 年宓西尔去世之前，光在美国此书就已发行了 600 万册，这还不包括为数众多的盗印本。更使它名扬天下的是根据小说改编而成的电影《乱世佳人》，一举夺得十项奥斯卡大奖，并成为电影史上经典名片之首。郝思嘉与白瑞德也成为大众的偶像。对于大多数的读者而言都是先从电影《乱世佳人》开始知道这个故事，后来才注意到小说原本。事实上，电影不过是小说内精彩章节的剪裁，而《飘》本身的魅力绝非电影所能涵盖的。

《母亲》

长篇小说，苏联高尔基作，发表于 1906 年。是世界文学史上第一部无产阶级革命文学作品，它破天荒第一次描写了工人阶级反抗资本主义制度及其为争取社会主义而进行的斗争，同时为社会主义现实主义创作方法提供了第一部典范作品。小说的重要主题之一，是显示在无产阶级革命斗争中新人的诞生和他们的阶级觉悟的提高，这在革命工人巴威尔的母亲尼洛莫娜身上有着鲜明地体现。小说还刻画了工人阶级先锋队的代表人物，其中最优秀的有巴威尔和安德莱。这些人物性格的成长，是从革命的发展过程中显示出来的。《母亲》在刻画人物、叙述事件、描绘环境时，通常是通过"母亲"观察的角度展示情节，使小说具有强烈的感情色彩，读者感到可信、亲切。

《列宁》

政治抒情诗，苏联诗人马雅可夫斯基于 1924 年列宁逝世九个月后写成。长诗的第一部分叙述了资本主义的诞生，揭示了列宁和列宁主义产生的历史必然性。第二部分描写世界革命运动的新时期，俄国无产阶级革命斗争中，列宁的历史活动，以说明"一个蒙昧的阶级碰到了列宁，由于列宁的启示走向光明。列宁得到了群众的力量和思想，他也跟阶级一同成长壮大"。第三部分再现了列宁逝世后全世界的哀悼活动，以及诗人在此沉痛时刻的深切感受。最后以红旗象征列宁的不朽结束："列宁现在比一切活着的人更有生气。他是我们的知识、力量和武器。"全诗以火热的诗句，把叙事和抒情紧紧地交织在一起

《青年近卫军》

长篇小说，苏联作家法捷耶夫的代表作，*1945* 年发表。小说写的是真人真事：德国法西斯占领顿巴斯的克拉斯诺顿，以未撤退的男女共青团员为核心，在地下党领导下组成"青年近卫军"，配合游击队展开对敌斗争；不幸在胜利前夜被叛徒出卖，队员英勇牺牲。作品热情歌颂苏联青年一代的高贵品质，也塑造了老布尔什维克的光辉形象。

《静静的顿河》

长篇小说，苏联作家肖洛霍夫作，写于 *1928 ~ 1940* 年。作品以第一次世界大战前夕到苏俄国内战争结束的历史为背景，以顿河区哥萨克社会在十月革命后的变化和哥萨克暴乱为题材，深刻地反映了布尔什维克党领导的革命人民最终战胜地主资产阶级的发展过程，歌颂了人民的胜利。主人公葛利高里·麦列霍夫，原是哥萨克中农。青年时充满活力，爱劳动，正直热情，敢于反对传统风俗旧习和偏见，特别在爱情问题上反对宗法的封建束缚。但因他缺乏文化教养，受哥萨克偏见的影响，在革命的斗争中，成了一个摇摆不定的人物。作者对他的生活道路进行了严厉地批判。整个作品线索分明，结构有条不紊，人物性格刻画细腻深刻，形象鲜明突出，细节描写真实，语言生动丰富。

《钢铁是怎样炼成的》

长篇小说，苏联作家尼古拉·阿列克赛耶维奇·奥斯特洛夫斯基根据自己的亲身经历写成，作于 1932～1935 年。小说主人公保尔·柯察金的生活道路，反映了十月革命前后以及国内战争时期、国民经济恢复时期和社会主义建设初期的广泛斗争图景，显示了苏维埃国家新的一代在紧张激烈的阶级搏斗风暴中锻炼成为具有钢铁般的坚强意志和崇高品德的无产阶级英雄人物的过程。

《教父》

《教父》是 70 年代美国最畅销的小说。它内容惊险，情节紧张，语言通俗易懂，描写引人入胜，深受读者欢迎，1969 年出版后，一炮而红，发行量激增，此后连续畅销达十年之久。据美国《时代》周刊 1978 年统计，《教父》的发行总数已达 1300 万册，美国评论界认为这是美国出版史上的奇迹。

美国派拉蒙电影公司与《教父》的作者合作，将小说改编成电影，1972 年上映以后，轰动国际影坛，票房经久不衰。次年三月，该片获得第四十五届奥斯卡金像奖中的最佳影片奖，导演弗郎西斯·福特·科波拉获得最佳导演奖，饰演男主角的马龙·白兰度获得最佳男主角奖。

《教父》的作者马里奥·普佐出生在美国纽约下层社会的贫民区，父母都是意大利移民，父亲是纽约铁路工人。虽然他出生于贫苦家庭，但从小就喜爱读书，最爱读的是关于纽约州印地安人部族战争的小说。十五六岁时，他对俄国伟大作家杜思妥也夫斯基的作品产生浓厚兴趣，《白痴》、《卡拉马助夫兄弟们》等名著留给他极深的印象，对他的思想成熟产生了启蒙作用。少年时代的普佐就立志要当个作家，但他的志向遭到家人的反对，他母亲甚至觉得他有点不正常。

第二次世界大战的爆发把他从家庭的束缚中解放出来，他离家驱车，开赴前线。在烽烟弥漫的欧洲战场，他搜集了不少写作素材。战争结束后，他开始了自己的写作生涯。1955年，他的第一部作品《黑暗的竞技场》问世，继而又发表了他的第二部长篇小说《幸运的移民》。但这两部小说的销路都不佳，使他的经济陷入拮据。家人对他的抱负早已厌倦，全家无一人支持他继续写作。但普佐并没有因此气馁，仍顽强地坚持笔耕生涯。

普佐继续努力地去实现他的理想，终于又完成了长篇小说《教父》。《教父》出版后轰动一时，为他赢得了声誉和财富。由于《教父》的描写逼真、生动，致使很多读者以为普佐一定与书中所描写的黑手党有来往。实际上普佐与黑社会组织没有什么关系，他只是把小时候从纽约街头和他那意大利裔母亲处听来的逸闻轶事作为素材，认真而详细地查阅了大量书籍和资料，对黑手党的历史和现状做了深入研究，凭着自己丰富的阅历和想象力，写成了这部作品。

《教父》主要是在描写美国地下帮会组织黑手党内部争权夺利的殊死斗争。黑手党起源于意大利的西西里岛，后来由意大利移民传入美国，在美国各大城市相继建立起组织，逐渐成为美国最强大的黑势力集团。他们各占一方，与官府警察相互勾结，拥有自己严密的组织和庞大的武力。他们走私贩毒，开设赌场，牟取暴利；他们杀人放火，明抢暗夺，进行有组织地犯罪活动。美国舆论界曾评论黑手党是拥有莫大权力的影子政府。

《教父》的中心人物唐·科利奥尼是纽约市黑手党的帮会头子，他那庞大的黑帮家族垄断了美国的橄榄油进口和销售，控制了许多行业的工会组织，独占赌博业，拥有遍布全美各大城市的数十家大旅馆。他的手伸向美国社会的政治、经济、法律等各个领域。上至国会议员，下至警察，他都能收买利用。他心狠手辣、冷酷无情，外表却是彬彬有礼、仪表堂堂。敬仰和崇拜他的人都称他为"教父"。

　　《教父》问世后，引起美国评论界的极大注意。它较有深度地揭露了黑手党的内幕，有助于读者了解和认识当代美国社会的状况。此外，小说情节惊险，描写生动，引人入胜，被誉为美国当代通俗小说的杰作。